Wally Santos

O QUE TORNA UM
POLICIAL ADMIRADO?

SUMÁRIO

INTRODUÇÃO 5
INTEGRIDADE 7
CORAGEM 10
DISCIPLINA 13
EMPATIA 17
RESILIÊNCIA 21
PRONTIDÃO FÍSICA 25
CAPACIDADE DE OBSERVAÇÃO 29
BOM JULGAMENTO 33
HABILIDADE DE COMUNICAÇÃO 37
PACIÊNCIA 41
AUTOCONTROLE 45
HABILIDADES DE NEGOCIAÇÃO 49
CONFIANÇA 53
ADAPTABILIDADE 57
CONHECIMENTO DAS LEIS 61
COMPROMISSO COM A JUSTIÇA 65
ATENÇÃO À SEGURANÇA 69
PROATIVIDADE 74
SENSO DE EQUIPE 79

HABILIDADES DE LIDERANÇA 83
DISCRIÇÃO 88
RESPEITO AOS DIREITOS HUMANOS 93
PERSISTÊNCIA 98
HABILIDADES INVESTIGATIVAS 103
GESTÃO DE TEMPO 108
CAPACIDADE ANALÍTICA 113
CONFIABILIDADE 117
AUTOCONFIANÇA 121
RESPONSABILIDADE 126
VONTADE DE APRENDER 131
CONCLUSÃO 136
BIBLIOGRAFIA 139
SOBRE O AUTOR 142

"Dois pesos e duas medidas, uns e outras são abomináveis ao Senhor".

Provérbios, 20: 10

INTRODUÇÃO

A obra *O que Torna um Policial Admirado?* surge como uma reflexão profunda sobre as qualidades que fazem um policial ser verdadeiramente respeitado e admirado pela sociedade. Neste primeiro volume da série, o autor se propõe a explorar as virtudes essenciais que, quando presentes na atuação de um agente da lei, não apenas garantem o cumprimento da lei, mas também solidificam a confiança e o respeito do público. Com uma abordagem abrangente, o livro analisa características fundamentais como a integridade, a coragem, a disciplina, o autocontrole, a empatia e o bom julgamento, todas vistas como pilares do comportamento ideal de um policial. Através de uma análise cuidadosa de cada uma dessas qualidades, a obra apresenta um modelo de policial que é não só competente e eficaz em suas funções, mas também um exemplo de humanidade e ética, capaz de construir e manter uma relação sólida com a comunidade que serve.

Ao longo do livro, o autor nos conduz pela importância dessas características na construção de uma imagem positiva da polícia e no fortalecimento do vínculo de confiança entre os policiais e os cidadãos. Em um contexto em que as forças de segurança estão frequentemente no centro de discussões sobre abuso de poder, discriminação e falhas institucionais, *O que Torna um Policial Admirado?* busca resgatar a imagem do policial como um agente de mudança, um protetor da ordem e um defensor dos direitos de todos, agindo sempre com imparcialidade e justiça. Através deste prisma, o livro visa não só destacar os atributos que devem ser cultivados, mas também despertar no leitor a importância de reconhecer o impacto positivo que um policial admirado pode ter na sociedade, inspirando outros a seguir o mesmo caminho.

No entanto, a leitura deste volume não está completa sem a reflexão que se estende ao segundo livro da série, *O que Torna um Policial Desprezado?*. Se o primeiro nos apresenta o modelo ideal de comportamento, a segunda obra oferece um contraponto indispensável, explorando as características e atitudes que podem manchar a imagem da polícia e gerar desconfiança e desprezo por parte da sociedade. Juntos, esses dois livros formam uma dupla complementar que oferece ao leitor uma visão ampla e equilibrada da profissão policial, permitindo-lhe compreender não apenas os aspectos positivos que constroem a admiração, mas também os erros e falhas que podem levar ao desprezo.

A importância dessa complementação não pode ser subestimada. Embora *O que Torna um Policial Admirado?* ofereça um guia do que deve ser buscado e cultivado em um policial, é apenas ao se examinar as características reprováveis, tratadas no segundo volume, que se alcança uma compreensão plena da complexidade da profissão. Afinal, os dois livros revelam o delicado equilíbrio entre a virtude e o erro, a ética e a transgressão, mostrando como as atitudes individuais de um policial podem, de fato, fazer toda a diferença na percepção da sociedade. Dessa forma, para aqueles que buscam uma análise completa, rica e profunda da atuação policial, a leitura conjunta dos dois volumes é fundamental, pois apenas assim é possível entender a totalidade do que constitui um policial digno de respeito e admiração, bem como as armadilhas que podem levar a uma imagem negativa e prejudicial.

Em última instância, *O que Torna um Policial Admirado?* não é apenas um estudo sobre as qualidades que devem ser cultivadas por aqueles que escolhem a carreira policial, mas também um convite à reflexão crítica sobre o papel da polícia na sociedade. Ao lado de *O que Torna um Policial Desprezado?*, forma uma poderosa ferramenta para todos aqueles que procuram compreender os desafios da profissão, a ética envolvida no exercício da autoridade e o impacto que as ações de cada policial podem ter na relação com a comunidade. Ao explorar as virtudes que tornam um policial admirado e os erros que podem levá-lo ao desprezo, a série proporciona uma visão abrangente, enriquecedora e transformadora sobre o que significa, de fato, ser um bom policial no mundo contemporâneo.

INTEGRIDADE

A integridade é, sem dúvida, uma das qualidades mais essenciais para a construção de um bom policial. Ela é a pedra angular que sustenta todas as demais virtudes necessárias para o cumprimento de uma missão tão complexa e primordial quanto a de proteger e servir à sociedade. A função policial exige que os agentes da lei não apenas sigam as normas e regulamentos estabelecidos, mas que também possuam uma forte base ética e moral, capaz de orientá-los diante dos desafios cotidianos e das diversas pressões que podem surgir ao longo da carreira. É nesse contexto que a integridade se torna o elemento fundamental que orienta o comportamento de um policial, tanto dentro como fora do seu campo de atuação.

Em seu sentido mais profundo, a integridade vai além da simples honestidade ou do cumprimento das regras. Ela envolve uma dedicação incondicional aos princípios da justiça, da imparcialidade e do respeito aos direitos humanos, independentemente das circunstâncias ou das dificuldades que possam surgir. Um policial íntegro é aquele que, diante de uma situação desafiadora, escolhe sempre o caminho que preserva a dignidade, a verdade e o respeito aos outros. A sua atuação não é influenciada por interesses pessoais, conveniências ou pressões externas, mas pela convicção de que a sua responsabilidade é maior do que qualquer tentação de desviar-se do correto.

O conceito de integridade, dentro da função policial, também está profundamente ligado à confiança, tanto no relacionamento com a sociedade quanto com os próprios colegas de profissão. A confiança é o alicerce sobre o qual se constrói a relação entre a polícia e a comunidade. Quando a integridade é mantida, a população sente-se segura e respaldada pelas ações dos policiais, sabendo que aqueles que têm a responsabilidade de aplicar a lei o fazem de maneira justa e honesta. No entanto, qualquer falha nessa integridade pode corroer essa confiança e prejudicar a relação entre as forças de segurança e os cidadãos, minando a credibilidade da própria instituição.

Além disso, a integridade no exercício da função policial é um reflexo do compromisso com o bem comum e com a proteção dos direitos de todos, sem discriminação ou favorecimento. Um policial íntegro não age movido por interesses pessoais, não se deixa corromper pela sedução do poder, da autoridade ou de qualquer benefício ilícito que possa surgir. Ele sabe que sua responsabilidade vai muito além de suas ações individuais: ele é um agente de transformação social, um defensor da ordem e da justiça, e, como tal, deve sempre agir com imparcialidade e ética, buscando o equilíbrio entre a manutenção da ordem pública e o respeito à liberdade individual.

Em muitos momentos, os policiais são chamados a tomar decisões rápidas e difíceis, em situações que exigem equilíbrio entre a ação e o discernimento. A integridade é o que garante que essas decisões sejam tomadas com base em valores sólidos, e não em impulsos momentâneos ou em pressões externas. Esse compromisso com o certo, mesmo diante de desafios e tentações, é o que distingue o bom policial. Ser íntegro significa ter a coragem de se manter firme nos princípios de honestidade e justiça, mesmo quando o caminho mais fácil parece ser o da transgressão.

A importância da integridade na polícia é, portanto, inquestionável. Ela garante que as ações da força policial estejam sempre alinhadas aos mais altos padrões éticos, contribuindo para a construção de uma sociedade mais justa, segura e igualitária. Um policial íntegro, ao seguir sua vocação com retidão, é um exemplo de compromisso não apenas com a profissão, mas com a dignidade humana e o bem-estar coletivo. Ao manter sua integridade, ele fortalece a instituição a qual pertence e, mais importante ainda, fortalece a confiança da sociedade na justiça e na ordem, pilares primordiais para qualquer democracia.

Enfim, cabe destacar que a integridade é um valor que deve ser cultivado continuamente. A formação policial, as experiências vividas no dia a dia e a constante reflexão sobre os princípios que orientam o trabalho da polícia são fundamentais para manter essa qualidade inabalada ao longo da carreira. A integridade não é apenas uma característica, mas uma prática constante, que exige autoconhecimento, disciplina e coragem. Um policial íntegro, portanto, é aquele que se compromete, a cada dia, a ser a melhor versão de si mesmo, a servir com honra e a garantir que a justiça seja feita, sem nunca ceder à corrupção, ao abuso de poder ou à tentação de desviar-se do caminho da verdade.

CORAGEM

A coragem é, com absoluta certeza, uma das qualidades mais admiradas e necessárias para o bom desempenho da função policial. Ela transcende o "simples" ato de enfrentar o perigo; é uma virtude que se reflete em atitudes diárias, em escolhas difíceis e, principalmente, na disposição de fazer o que é certo, mesmo quando isso exige sacrifícios pessoais. Ser um bom policial não significa apenas dominar técnicas e estratégias; antes, envolve, acima de tudo, possuir uma coragem inabalável diante de situações desafiadoras e, por vezes, adversas, em que a integridade da justiça e a segurança pública dependem de escolhas corajosas e decisivas.

A coragem no contexto policial vai muito além da bravura física diante de situações de risco. Ela se manifesta de forma abrangente, envolvendo também a coragem moral, aquela que exige força para resistir às tentações da corrupção, aos erros que podem ser cometidos por conformismo ou interesse pessoal, e à pressão de decisões difíceis. Um policial corajoso é aquele que, em face de desafios, sabe fazer as escolhas certas, mesmo quando essas escolhas não são populares ou fáceis. Essa coragem não se limita apenas ao momento de confrontos, mas se estende ao dia a dia da profissão, na constante luta pela justiça, pela dignidade e pelo bem-estar coletivo.

A verdadeira coragem do policial também está em sua capacidade de agir com equilíbrio, discernimento e responsabilidade, sem ser guiado por impulsos ou por uma visão simplista do que é certo e errado. Em muitas situações, um policial é chamado a tomar decisões em frações de segundo, com impacto direto na vida das pessoas. É nesse momento que a coragem de agir com sabedoria e calma se faz fundamental. Coragem não é apenas enfrentar o perigo, mas também resistir à pressão emocional, tomar decisões sob intenso estresse e, muitas vezes, carregar o peso das escolhas que afetarão diretamente a vida de outros. A coragem está presente na capacidade de proteger a vida e a dignidade, mesmo quando isso exige o enfrentamento de situações extremas.

Outro aspecto fundamental da coragem no policial é sua disposição para atuar em contextos de desigualdade, violência e vulnerabilidade social. O policial corajoso não se esconde diante das dificuldades do contexto em que atua, mas, pelo contrário, enfrenta os desafios com o compromisso de transformar a realidade ao seu alcance. A coragem de um policial se traduz também em sua capacidade de trabalhar em comunidades marginalizadas, onde a confiança nas forças de segurança pode estar fragilizada, e onde os riscos e desafios são ainda maiores. A coragem não está apenas em atuar nos momentos de risco explícito, mas em continuar trabalhando de maneira firme e resoluta, mesmo quando a sua presença ou ação pode ser incompreendida ou até mesmo hostilizada por parte da comunidade.

No entanto, a coragem não deve ser confundida com a temeridade ou a imprudência. Um policial corajoso é aquele que, apesar de saber lidar com o risco, age com responsabilidade e racionalidade. Ele entende que a coragem verdadeira é fruto do preparo, da análise precisa da situação e da postura equilibrada diante dos desafios. Ela está na capacidade de tomar decisões que priorizam a proteção e a preservação da vida, de modo que o uso da força seja sempre o último recurso e nunca a primeira opção.

A coragem, portanto, não se limita a um traço isolado, mas é parte de um conjunto de virtudes que um bom policial deve cultivar ao longo de sua carreira. Ela precisa ser nutrida por uma sólida formação ética e profissional, que permita ao policial distinguir o que é verdadeiramente corajoso e necessário daquilo que é precipitado ou errado. Um policial corajoso sabe a importância de sua função dentro da sociedade, compreende os riscos envolvidos, mas também possui a sabedoria para agir com cautela, responsabilidade e humanidade.

Além do mais, a coragem não se manifesta apenas no âmbito das ações individuais. Ela também se reflete no compromisso com os colegas de profissão, no apoio mútuo, na disposição de fazer o que é certo, mesmo quando isso envolve uma postura de enfrentamento diante de condutas indevidas ou injustas dentro da própria corporação. Ser corajoso, nesse sentido, é ter a força de denunciar as falhas sistêmicas ou os comportamentos incorretos, sem se deixar contaminar pela cultura do silêncio ou da conivência. A coragem é um reflexo da consciência de que, ao zelar pela ética e pela justiça, se está fortalecendo a própria instituição e contribuindo para um ambiente mais seguro e justo para todos.

Por fim, cabe ressaltar que a coragem do policial é, na essência, uma escolha contínua. Em um ambiente de constantes desafios, riscos e pressões, manter a coragem de fazer o que é certo, de agir com dignidade e responsabilidade, é um exercício diário. Não é um ato isolado, mas um compromisso que permeia cada atitude, cada decisão e cada interação, seja no enfrentamento do crime ou no acolhimento da vítima. A coragem é, portanto, uma virtude que deve ser cultivada constantemente, pois, em sua plenitude, ela é a força motriz que impulsiona o policial a agir com coragem, mas também com sabedoria, e a cumprir sua missão com honra e comprometimento com a justiça. Em última análise, a coragem é a chave que permite ao policial não apenas enfrentar os desafios do presente, mas também moldar um futuro mais justo, seguro e equilibrado para toda a sociedade.

DISCIPLINA

A disciplina é uma das virtudes mais fundamentais para a formação de um bom policial. Ela não apenas regula a conduta dentro da corporação, mas também reflete diretamente na qualidade do serviço prestado à sociedade. No contexto da polícia, onde a responsabilidade de proteger vidas, manter a ordem e garantir a justiça repousa sobre os ombros de cada agente, a disciplina se torna a base que sustenta o desempenho eficaz e ético da função policial. Sem disciplina, não há organização, coerência ou eficiência. Ela é a força invisível que mantém a harmonia nas ações de um policial e assegura que os processos e decisões sejam conduzidos com seriedade, responsabilidade e respeito aos princípios fundamentais da lei.

A disciplina de um bom policial não se limita ao cumprimento rígido de ordens e normas, mas também envolve a capacidade de agir com compromisso, consistência e autocontrole diante das mais diversas situações. É a prática constante da autodisciplina que permite ao policial tomar decisões ponderadas, mesmo sob pressão, e manter sua postura profissional em momentos de estresse ou confrontos. Em um cenário onde muitas vezes a pressão é intensa, a disciplina interna é a chave para que um policial não se desvie dos seus princípios, mas mantenha a calma e a eficiência, executando seu trabalho com precisão e responsabilidade.

Um dos aspectos mais relevantes da disciplina no contexto policial é a sua relação com a confiança. A sociedade espera que a polícia atue de maneira coerente e justa, e a confiança pública na corporação é construída com base na disciplina dos agentes. Cada ação, cada intervenção policial deve ser conduzida de acordo com as regras, o código de ética e os protocolos estabelecidos, para que a população perceba a força policial como um pilar da ordem e da justiça. A disciplina é, portanto, a garantia de que a polícia não se desvia do seu compromisso com a ética e com a lei, mesmo diante de situações de alto risco ou quando a tentação de atuar de maneira imprudente surge.

Além disso, a disciplina no policial se reflete na obediência aos comandos e na adesão aos protocolos de segurança. Em uma instituição hierárquica como a polícia, onde os superiores devem ser respeitados e suas ordens seguidas com diligência, a disciplina é o que assegura o bom funcionamento da corporação. A obediência a essas normas não deve ser vista como um ato de subordinação cega, mas como uma forma de preservar a ordem e garantir que todos os membros da corporação atuem de maneira integrada e coordenada. A disciplina permite que cada policial desempenhe seu papel com clareza e eficiência, sem desviar do objetivo comum de proteger e servir à população.

A autodisciplina, por sua vez, é uma extensão da disciplina organizacional, mas com um caráter mais pessoal e interiorizado. Ela exige que o policial se comprometa com seus próprios princípios e valores, buscando sempre o aprimoramento contínuo de sua formação e conduta. A autodisciplina é o que permite que um policial tome decisões corretas mesmo quando ninguém está observando, que se mantenha firme diante das adversidades e que seja capaz de controlar suas emoções, especialmente em situações de alta pressão. Sem essa qualidade, o policial pode ser suscetível a comportamentos impulsivos ou precipitados, que comprometem a integridade de sua atuação e a confiança da comunidade.

Outro ponto determinante da disciplina no contexto policial é a sua relação com o trabalho em equipe. A polícia, como instituição, depende de uma atuação coordenada entre todos os seus membros, e a disciplina é o que garante que cada policial cumpra sua parte dentro de um plano maior. Em situações de grande complexidade, como operações de combate ao crime organizado, desastres naturais ou manifestações públicas, a capacidade de seguir protocolos, respeitar ordens e agir de forma conjunta é essencial para a eficácia da ação policial. A disciplina também está relacionada à capacidade de aceitar críticas construtivas e *feedbacks*, um aspecto importante para o crescimento profissional e para a melhoria contínua dos processos dentro da corporação.

Ademais, a disciplina no policial está diretamente vinculada ao cumprimento das leis e à manutenção da ordem pública. Um policial disciplinado compreende que sua autoridade não é uma prerrogativa pessoal, mas um dever que deve ser exercido com responsabilidade. Sua disciplina é o que o impede de abusar do poder, garantindo que suas ações sejam sempre pautadas pela ética, pelo respeito aos direitos humanos e pela preservação da dignidade de todos os cidadãos. A disciplina evita que o policial se deixe levar por impulsos ou por qualquer comportamento que possa comprometer a confiança que a sociedade deposita nele, funcionando como um mecanismo de autocontrole e de respeito às normas sociais.

No dia a dia, a disciplina se traduz em uma rotina de treinamento constante, de aprimoramento das habilidades técnicas e de reflexão sobre as práticas profissionais. A disciplina é o que leva o policial a se preparar para enfrentar os desafios da profissão de maneira séria e comprometida, sabendo que sua função exige não apenas coragem, mas também uma dedicação constante ao estudo, à prática e à avaliação de suas ações. A constante procura pela excelência e a disposição para aprender e melhorar são frutos de uma disciplina interiorizada que guia o policial em sua trajetória.

Finalmente, é importante ressaltar que a disciplina não é um valor isolado, mas se inter-relaciona com outras virtudes fundamentais para um bom policial, como a integridade, a coragem e o respeito. Ela cria o ambiente propício para o exercício de todas as outras qualidades e permite que o policial mantenha sua postura ética e eficiente em todas as circunstâncias. A disciplina é, assim, a estrutura sobre a qual todas as ações do policial se constroem, e é através dela que a polícia se fortalece como instituição, garantindo a paz social e a confiança da população.

Em suma, a disciplina é a essência que permite a um policial não apenas seguir ordens, mas agir com precisão, responsabilidade e respeito, sempre em busca do bem comum. Ela é a qualidade que assegura que o policial seja fiel aos seus compromissos profissionais, éticos e pessoais, criando um ciclo de confiança e eficiência que contribui, de maneira decisiva, para a construção de uma sociedade mais justa, segura e harmoniosa.

EMPATIA

A empatia é uma das características mais profundas e impreteríveis para a formação de um bom policial. Ela vai além da simples compreensão intelectual dos sentimentos e necessidades dos outros; é a capacidade de se conectar emocionalmente, de entender e, em muitos casos, de se colocar no lugar do outro, com a intenção genuína de aliviar o sofrimento, promover o entendimento e agir com humanidade. No contexto da profissão policial, onde a interação com a comunidade envolve situações de vulnerabilidade, sofrimento e conflito, a empatia não é apenas uma qualidade desejável, mas uma ferramenta vital para a construção de uma relação de confiança, respeito e colaboração com a sociedade.

A empatia, ao contrário do que muitos possam pensar, não significa apenas sentir pena ou compadecer-se das dificuldades alheias, mas sim compreender as emoções e perspectivas dos outros de uma maneira profunda e genuína. No exercício policial, isso se traduz em saber ouvir, observar e agir com sensibilidade diante das situações que exigem não apenas técnica e autoridade, mas também compreensão e humanidade. Seja diante de uma vítima de violência, de um cidadão em desespero ou de um suspeito em conflito com a lei, a empatia permite que o policial adote uma postura que humaniza a sua ação, evitando que a sua função seja reduzida a uma simples aplicação de força ou de autoridade.

Ao ser empático, o policial é capaz de lidar com as diversas realidades sociais de maneira sensível, agindo com discernimento nas situações mais complexas. Ele entende que cada indivíduo é um ser único, com sua própria história, contexto e emoções. Esse reconhecimento torna o policial mais apto a adotar uma abordagem mais cuidadosa e menos punitiva, buscando sempre resolver conflitos de maneira construtiva e, sempre que possível, preservando a dignidade das pessoas envolvidas. Um policial empático sabe que sua função vai além da simples execução de ordens ou do cumprimento da lei; ele entende que cada interação é uma oportunidade para fazer a diferença na vida de alguém e contribuir para a restauração da paz e da justiça de maneira íntegra e humana.

A empatia no policial também implica em reconhecer o sofrimento dos outros e responder a ele com respeito e ação adequada. Por exemplo, em situações de violência doméstica, onde as vítimas, muitas vezes, se encontram em um estado de extrema fragilidade, a empatia é essencial para que o policial possa proporcionar o apoio necessário, sem julgamentos precipitados ou atitudes que possam agravar ainda mais o trauma vivido. Em momentos de crise, como acidentes de trânsito ou ocorrências de grandes desastres, a capacidade de agir com empatia permite que o policial se conecte com as vítimas e suas famílias de forma a oferecer não apenas a segurança necessária, mas também o consolo e a compreensão que aquele momento exige. A empatia, assim, vai além da proteção física, ela busca curar as feridas emocionais e, ao agir com sensibilidade, ajuda a restaurar a confiança das pessoas na polícia e nas instituições.

Além do mais, a empatia no contexto policial também se reflete na capacidade de entender as motivações, dificuldades e perspectivas de pessoas que, muitas vezes, estão em conflito com a lei. Um bom policial não é aquele que simplesmente vê o infrator como um "inimigo", mas como alguém que, por trás de suas ações, pode estar enfrentando uma série de desafios sociais, psicológicos ou emocionais. Ao adotar uma postura empática, o policial consegue tratar o infrator de maneira justa, sem preconceitos, e com o entendimento de que, muitas vezes, a resolução do problema não se dá apenas por meio da punição, mas também pela oferta de alternativas e apoio psicológico. Essa visão amplia a eficácia do trabalho policial, ao mesmo tempo que contribui para a reconstrução de um sistema de justiça mais justo e equilibrado.

A empatia, por outro lado, também é uma ferramenta valiosa no relacionamento interno da corporação policial. Ela facilita a comunicação entre os colegas, permitindo que se construam laços de respeito e confiança, além de criar um ambiente de trabalho mais colaborativo e menos propenso a conflitos desnecessários. Em um ambiente de trabalho desafiador, onde as tensões podem ser altas devido à natureza da função, a empatia entre os policiais ajuda a fortalecer o espírito de equipe, a compreensão mútua e o apoio emocional, basilares para lidar com as adversidades que surgem no cotidiano policial. A capacidade de se colocar no lugar do outro, de ouvir e de apoiar os colegas, contribui para um clima mais saudável e harmonioso dentro da corporação, o que, por consequência, reflete na qualidade do serviço prestado à comunidade.

É importante destacar que a empatia no policial não significa abrir mão da autoridade ou deixar de cumprir o papel de garantir a ordem e a segurança. Ela não é uma abordagem permissiva ou leniente, mas sim uma maneira de atuar com sensibilidade, discernimento e respeito pelas complexidades humanas. A empatia permite que o policial se distinga de atitudes de autoritarismo ou desumanização, tratando as pessoas com dignidade, mesmo quando as circunstâncias exigem ações firmes. Ela é a capacidade de agir de maneira justa e equilibrada, sem perder a capacidade de compreender as diversas dimensões de cada situação e de cada indivíduo com quem se interage.

A empatia também contribui para a redução de tensões e conflitos durante as abordagens policiais. Ao adotar uma postura empática, o policial é capaz de transmitir respeito e compreensão, criando um ambiente onde o diálogo e a negociação são possíveis, em vez de simplesmente recorrer à força. Quando as pessoas sentem que estão sendo tratadas com respeito e que suas emoções e necessidades são levadas em consideração, há uma maior probabilidade de que as interações sejam mais cooperativas e menos conflituosas. A empatia, portanto, tem o poder de transformar uma situação potencialmente tensa em uma oportunidade de resolução pacífica e construtiva.

Em resumo, a empatia é um dos pilares fundamentais que tornam um policial não apenas eficaz, mas também humano e digno de confiança. Ela permite que o policial compreenda, se conecte e atue de maneira sensível e respeitosa, seja com as vítimas, com os suspeitos ou com seus próprios colegas. A empatia no exercício da função policial vai além da aplicação da lei: ela busca entender as motivações, as dores e as circunstâncias que envolvem cada pessoa, tratando todos com dignidade e respeito. Um policial empático é aquele que, ao proteger e servir, não apenas age de maneira eficaz, mas também restaura a confiança da comunidade, promove a paz e trabalha para um sistema de justiça mais equilibrado e humano.

RESILIÊNCIA

A resiliência é uma das qualidades mais poderosas e fundamentais para a formação de um bom policial. No contexto da segurança pública, onde os desafios são constantes e as situações frequentemente imprevisíveis e de alto risco, a capacidade de se recuperar de adversidades, aprender com as dificuldades e manter-se firme diante dos obstáculos é imprescindível. Para um policial, a resiliência não se traduz apenas na capacidade de suportar o estresse físico e emocional que a profissão impõe, mas também na habilidade de lidar com as pressões psicológicas, as perdas, os traumas e até mesmo com a resistência da sociedade, muitas vezes desconfiada ou hostil em relação à atuação policial. Ser resiliente é, acima de tudo, demonstrar coragem diante da adversidade, perseverança na presença do fracasso e a capacidade de se reerguer com ainda mais determinação.

A resiliência é uma virtude que permite ao policial não apenas enfrentar momentos difíceis, mas também transformar essas experiências em aprendizados que fortalecerão sua postura e sua eficiência ao longo de sua carreira. Em um cenário onde as situações de alto risco e de pressão emocional são constantes, a habilidade de manter a calma, de pensar claramente e de agir com racionalidade é crucial. Não se trata somente de resistir ao estresse momentâneo, mas de manter a motivação e a dedicação a longo prazo, mesmo quando as circunstâncias parecem desafiadoras ou desanimadoras. A resiliência é, portanto, a capacidade de persistir em uma jornada árdua, não permitindo que fracassos temporários ou contratempos momentâneos afetem sua visão de longo prazo ou sua missão de servir à sociedade.

Em sua essência, a resiliência no policial está vinculada à capacidade de se manter emocionalmente estável em face de traumas e perdas. O trabalho policial, por sua natureza, expõe o agente a situações de violência extrema, tragédias, acidentes graves e, muitas vezes, a convivência com o sofrimento humano em sua forma mais cruel. Para o policial, lidar com essas experiências de maneira saudável é um desafio constante. A resiliência, nesse sentido, não significa a ausência de dor ou de sofrimento, mas sim a capacidade de se recuperar e seguir em frente, sem permitir que as adversidades ou o peso emocional do trabalho minem sua vontade de continuar e de fazer o bem. O policial resiliente é aquele que, apesar das experiências difíceis, encontra forças dentro de si para se reerguer, buscar apoio quando necessário e continuar cumprindo sua missão com dedicação e eficácia.

Além disso, a resiliência no policial está diretamente ligada à sua capacidade de aprender com os erros e de usar as falhas como trampolins para o aprimoramento contínuo. Em uma profissão que exige tomadas de decisões rápidas e muitas vezes complexas, nem sempre as escolhas feitas resultam da maneira esperada. Um policial resiliente é aquele que, ao se deparar com um erro ou uma falha, não se deixa paralisar pela frustração ou pelo sentimento de impotência, mas usa a situação como uma oportunidade de aprendizado. Ele reflete sobre o ocorrido, procura entender as razões do erro e se esforça para não repeti-lo no futuro. Essa postura de autoavaliação constante e de crescimento contínuo é um dos pilares que sustenta a resiliência de um bom policial, permitindo-lhe não só melhorar suas habilidades técnicas, mas também fortalecer sua resistência emocional e psicológica.

A resiliência também se manifesta na capacidade de manter o foco em sua missão, mesmo quando enfrenta obstáculos internos ou externos. A profissão policial, muitas vezes, exige que os agentes se mantenham firmes diante de adversidades, como a pressão social, a desconfiança da população e, em certos casos, até mesmo a adversidade dentro da própria instituição. A resiliência permite que o policial mantenha sua integridade, que continue a acreditar em sua missão de servir e proteger, independentemente das dificuldades que possa encontrar ao longo do caminho. Ela o impulsiona a manter o compromisso com os valores da ética e da justiça, mesmo quando se depara com situações que podem tentar desviá-lo desse caminho.

Em sua relação com os colegas de trabalho, a resiliência é igualmente importante. A vida de um policial é, muitas vezes, um trabalho coletivo, em que a colaboração e o apoio mútuo são essenciais para o sucesso das operações e para o bem-estar da equipe. Quando um membro da corporação enfrenta um momento de fragilidade emocional ou profissional, os outros policiais podem ser um suporte vital para sua recuperação. A resiliência coletiva de uma equipe policial, portanto, está diretamente relacionada à capacidade de seus membros de se apoiarem, de entenderem as dificuldades uns dos outros e de trabalharem juntos para superar os desafios. Esse espírito de camaradagem e apoio mútuo fortalece não apenas a capacidade individual de cada policial, mas também a eficácia da corporação como um todo.

É imperioso ressaltar que a resiliência não deve ser vista como uma característica inata, mas como uma competência que pode ser desenvolvida e aprimorada ao longo do tempo. Para cultivar a resiliência, o policial precisa investir em seu autocuidado, buscando equilíbrio entre a vida profissional e pessoal, e reconhecendo quando é necessário pedir ajuda. A profissão policial, pela sua exigência emocional e física, pode levar a momentos de esgotamento e desgaste, e a resiliência não está em ignorar essas dificuldades, mas em aprender a lidar com elas de maneira saudável. O apoio psicológico, a formação em inteligência emocional e o fortalecimento dos laços de amizade e apoio dentro da corporação são ferramentas importantes para desenvolver a resiliência no policial.

Ademais, a resiliência está fortemente ligada à manutenção de um propósito claro e à conexão com os valores que fundamentam o trabalho policial. Um policial resiliente é aquele que, independentemente das adversidades que enfrenta, mantém-se focado em seu objetivo maior: proteger a vida, a ordem e a justiça. Essa conexão com um propósito maior é o que sustenta sua motivação e sua disposição para continuar em sua missão, mesmo diante das dificuldades. Quando o policial se lembra da importância de sua função para a sociedade, da diferença que faz na vida das pessoas e da contribuição que oferece para um mundo mais seguro e justo, ele encontra forças para seguir em frente, superando os desafios com coragem e perseverança.

A resiliência no policial, portanto, é uma virtude multifacetada, que envolve não apenas a capacidade de resistir às adversidades, mas também a habilidade de aprender, crescer e se fortalecer a partir delas. Ela é a chave para a longevidade e o sucesso na carreira policial, pois permite que o agente mantenha sua motivação, sua eficiência e sua humanidade, mesmo diante dos desafios mais intensos e das situações mais dolorosas. Um policial resiliente é aquele que, ao enfrentar os altos e baixos da profissão, não apenas se mantém firme, mas se torna mais forte, mais sábio e mais capaz de servir à sociedade com dedicação, coragem e integridade. Em última análise, a resiliência é o que permite ao policial continuar sua jornada com determinação, superando os obstáculos e contribuindo para um mundo mais seguro e justo para todos.

PRONTIDÃO FÍSICA

A prontidão física é uma das qualidades mais básicas para um policial, sendo diretamente ligada à eficácia, segurança e bem-estar do profissional no cumprimento de sua missão. A profissão policial é repleta de desafios que exigem não apenas habilidades técnicas, intelectuais e emocionais, mas também uma condição física que permita o desempenho das funções de maneira ágil, eficiente e segura. A prontidão física de um policial não se limita à força muscular ou à resistência cardiovascular, mas engloba um conjunto de capacidades que incluem equilíbrio, agilidade, flexibilidade, resistência e a habilidade de manter a calma e a eficiência física em situações de grande estresse e tensão. Em muitas situações, a rapidez de reação, a capacidade de sustentar esforços prolongados e a habilidade de executar tarefas exigentes física e mentalmente são vitais para garantir a segurança tanto do policial quanto da comunidade.

O policial, sendo um profissional que lida com situações imprevisíveis, como confrontos, perseguições, resgates e operações de risco, precisa estar em constante preparo físico. Não é apenas a habilidade de correr, saltar ou lutar que caracteriza a prontidão física, mas a capacidade de responder rapidamente a uma variedade de cenários. Imagine um policial envolvido em uma perseguição a pé a um criminoso, ou, ainda, em uma operação em que se exige precisão e velocidade dos movimentos físicos, como a entrada em um local de alto risco. Em tais momentos, a prontidão física vai além da habilidade de executar movimentos; trata-se de manter a resistência, a agilidade e o controle emocional para lidar com as adversidades.

Além disso, a prontidão física também tem um impacto direto na segurança do policial e na proteção das pessoas que ele deve servir. Em situações de elevado perigo, como em um tiroteio, um resgate ou em uma ação policial, a capacidade de reagir rapidamente a qualquer ameaça pode fazer a diferença entre a vida e a morte. Um policial fisicamente preparado é mais capaz de agir com eficiência, minimizar riscos e reduzir a possibilidade de ferimentos tanto para ele quanto para a comunidade que ele protege. Nesse sentido, a prontidão física não só garante o melhor desempenho durante a execução de suas tarefas, mas também contribui para a prevenção de situações que possam comprometer a segurança e a saúde do policial, seja por cansaço, falta de resistência ou pela incapacidade de reagir prontamente em momentos críticos.

Outro ponto relevante sobre a prontidão física é o seu efeito na saúde geral e na longevidade da carreira policial. O trabalho policial é conhecido por seu alto nível de estresse, o que pode gerar uma série de problemas de saúde a longo prazo, como doenças cardíacas, hipertensão, lesões musculoesqueléticas e distúrbios psicológicos. Um policial que mantém uma rotina de exercícios físicos regulares tem uma chance maior de prevenir esses problemas, não apenas aumentando sua resistência física, mas também promovendo o equilíbrio mental e emocional. O exercício físico, por exemplo, contribui para a liberação de endorfinas, substâncias químicas que atuam como analgésicos naturais e reduzem os efeitos do estresse. Assim, a prontidão física se torna um aliado importante na manutenção da saúde mental e emocional do policial, permitindo-lhe lidar de maneira mais eficaz com as pressões da profissão e com o impacto que essas situações podem ter no seu corpo e na sua mente.

Em termos de desempenho no campo, a prontidão física também reflete a capacidade do policial de realizar ações complexas com precisão e de forma coordenada. Muitas vezes, em operações de alto risco, o policial precisa trabalhar em equipe, fazer uso de equipamentos pesados ou lidar com situações que exigem movimentos rápidos e de alta intensidade. A boa condição física permite que ele execute essas tarefas com maior eficácia e reduz a probabilidade de erros que podem comprometer o sucesso de uma operação. Além do mais, a aptidão física favorece a capacidade de adaptação a diferentes ambientes e terrenos, seja em operações urbanas ou em ambientes rurais, o que aumenta a flexibilidade e a versatilidade do policial.

Outro aspecto importante da prontidão física está na percepção de sua importância pela sociedade. A imagem do policial fisicamente apto, capaz de realizar suas funções com competência e de maneira eficaz, transmite confiança à população. Um policial que demonstra vigor, energia e prontidão é visto como alguém preparado para enfrentar os desafios do cotidiano, o que contribui para a construção de uma relação de respeito e credibilidade com a comunidade. A boa forma física não é um aspecto superficial, mas uma demonstração de profissionalismo e comprometimento com a missão de servir e proteger.

A prontidão física também contribui para a disciplina e a ética do policial. A prática regular de exercícios exige organização, autocontrole e perseverança — qualidades que são fundamentais não apenas no desenvolvimento da capacidade física, mas também na formação do caráter do policial. Um profissional que se dedica ao seu condicionamento físico demonstra sua capacidade de disciplina, que é elementar para cumprir as exigências da profissão com responsabilidade e compromisso. O cuidado com o próprio corpo reflete o respeito que o policial tem pela função que exerce e pela importância de estar sempre pronto para enfrentar os desafios que surgem ao longo da carreira.

Contudo, a prontidão física não deve ser encarada como um aspecto isolado da formação do policial, mas como parte de um conjunto de habilidades que inclui treinamento mental, emocional e técnico. Ela complementa a formação global do policial, sendo uma aliada importante no desenvolvimento de suas capacidades cognitivas e sociais. O policial em boa forma física é mais propenso a ter uma maior clareza mental durante situações de estresse, além de ser mais capaz de manter a calma e tomar decisões rápidas e precisas quando necessário. A prática de exercícios físicos regulares também favorece a capacidade de concentração, a resistência ao estresse e o controle emocional, características que são essenciais para a tomada de decisões durante operações e abordagens de risco.

Portanto, a prontidão física é muito mais do que um requisito técnico ou físico para o policial. Ela é um reflexo da preparação integral do agente para desempenhar suas funções com eficiência, segurança e responsabilidade. A saúde física é um fator chave na longevidade e no sucesso da carreira policial, permitindo ao profissional lidar com as demandas exigentes da profissão e a lidar com situações de periculosidade com destreza e habilidade. Em última análise, um policial fisicamente pronto é aquele que pode atuar com eficácia em qualquer circunstância, proteger os cidadãos de maneira eficiente, preservar sua própria segurança e bem-estar e garantir que sua saúde, tanto física quanto mental, seja preservada durante toda a sua jornada de serviço.

CAPACIDADE DE OBSERVAÇÃO

A capacidade de observação é uma das competências mais essenciais e refinadas no arsenal de um bom policial. Em um mundo onde a informação é abundante, mas muitas vezes difusa ou distorcida, a habilidade de observar com precisão, discernimento e atenção aos detalhes é o que distingue o policial altamente eficaz daquele que se perde em meio ao caos. A observação, quando bem desenvolvida, torna-se uma ferramenta vital para a tomada de decisões, para a resolução de crimes e para a prevenção de situações perigosas, além de ser um elemento crucial na interação diária com a comunidade.

A habilidade de observar vai muito além da simples percepção visual. Um policial bem treinado e sensível está sempre atento não apenas ao que está acontecendo à sua volta, mas também aos menores detalhes que podem escapar ao olhar comum. Isso inclui a leitura de comportamentos, expressões faciais, gestos, entonações de voz e até mesmo o contexto de uma situação. Em uma abordagem, por exemplo, a capacidade de observar com atenção permite ao policial perceber sinais sutis que podem indicar medo, tensão, nervosismo ou até a intenção de fuga ou agressão, sinais esses que não são facilmente captados por um observador despreparado. A observação eficaz também implica em manter uma postura crítica diante das informações recebidas, questionando o que se vê e busca aprofundar o entendimento do que está em jogo, sem deixar que suposições infundadas ou estereótipos prejudiquem a análise da situação.

Em investigações e operações policiais, a capacidade de observação é ainda mais importante. Detectar padrões, analisar evidências e identificar ligações entre fatos aparentemente desconexos são atividades que exigem uma atenção minuciosa aos detalhes. Um policial atento pode ser capaz de perceber um pequeno detalhe em uma cena do crime, um comportamento ou uma pista que, isoladamente, poderia parecer irrelevante, mas que, em conjunto com outras informações, se revela basilar para a solução do caso. Em muitas situações, é justamente a observação dos elementos que estão fora de lugar, ou o que é dito de forma indireta, que leva à descoberta de informações valiosas.

Em acréscimo, a observação não se limita à percepção de eventos evidentes, mas envolve também a habilidade de interpretar o que não é dito ou mostrado de forma explícita. Isso inclui a leitura de sinais não verbais e a capacidade de compreender as intenções por trás de gestos, expressões ou até mesmo de palavras. Durante uma abordagem de suspeitos, por exemplo, um policial altamente observador poderá perceber a forma como alguém reage ao ser abordado, como os olhos se movem, se há alguma hesitação ou distração, ou até se o indivíduo apresenta um comportamento excessivamente defensivo, o que pode indicar que está escondendo algo. Esses sinais podem ser determinantes para a avaliação da situação e a escolha da abordagem mais adequada.

A observação, no entanto, não é apenas uma habilidade técnica, mas também uma prática que exige um nível elevado de autocontrole e disciplina. Em um ambiente de constante pressão e estresse, o policial precisa manter sua mente alerta e focada, não permitindo que distrações ou fatores emocionais comprometam sua capacidade de análise. A capacidade de observar de maneira eficaz exige uma atenção plena ao momento presente, sem julgamentos rápidos ou conclusões precipitadas. O policial que consegue se concentrar e discernir o que é relevante no meio da vastidão de informações e estímulos visuais, auditivos e emocionais tem uma vantagem significativa, pois pode agir de maneira mais assertiva e menos impulsiva, baseando suas decisões em uma leitura precisa e bem fundamentada da realidade.

Em muitas situações, a observação também está intrinsecamente ligada à prevenção. Em ambientes urbanos, por exemplo, onde o risco de incidentes violentos ou criminosos é maior, o policial deve ser capaz de identificar comportamentos ou padrões suspeitos antes que se tornem ameaças reais. O simples fato de perceber um movimento fora do comum, a presença de um indivíduo em um local inusitado ou um olhar furtivo pode ser o suficiente para desencadear a investigação necessária ou a intervenção preventiva. A observação contínua de comportamentos e ambientes permite ao policial identificar áreas de risco e agir de maneira proativa, muitas vezes evitando que uma infração penal aconteça, ou pelo menos minimizando seus danos.

Além disso, a capacidade de observar também tem um impacto profundo na construção da relação entre o policial e a comunidade. Ao estar atento às necessidades, preocupações e realidades dos cidadãos, o policial demonstra respeito e compromisso com sua função. Em abordagens mais pacíficas ou interações cotidianas, a habilidade de observar vai além da análise das circunstâncias objetivas, alcançando uma compreensão mais profunda do contexto social e emocional das pessoas. Essa observação empática permite ao policial agir com sensibilidade, tratando cada situação com a devida consideração e humanidade. O policial que observa com atenção as expressões e os comportamentos de uma comunidade está mais apto a entender suas preocupações, medos e necessidades, o que pode fortalecer a confiança mútua e melhorar a colaboração entre a polícia e os cidadãos.

No campo da investigação, essa competência se transforma em um elemento vital para a coleta e análise de informações. Os detalhes que parecem insignificantes para o olhar desatento podem se tornar peças-chave no quebra-cabeça que precisa ser montado. Um policial que é capaz de observar não apenas os fatos, mas também os contextos, os comportamentos e as emoções associadas aos envolvidos, tem uma vantagem considerável ao desenvolver suas estratégias de ação e decisão. A atenção aos detalhes e a capacidade de analisar as conexões entre diversos elementos são habilidades que muitas vezes determinam o sucesso de uma investigação. A percepção das pequenas mudanças nas atitudes de testemunhas ou suspeitos, os gestos involuntários que indicam nervosismo ou a escolha de palavras que podem sugerir mentiras ou omissões, são aspectos que dependem diretamente da capacidade de observação aguçada.

É importante observar que a capacidade de observação, embora muitas vezes associada à visão, é uma habilidade que envolve todos os sentidos. O policial, para ser verdadeiramente observador, precisa estar atento não apenas ao que vê, mas também ao que ouve, ao que sente e até ao que percebe de maneira instintiva. O olfato, por exemplo, pode indicar a presença de substâncias ilícitas, o som pode revelar uma conversa furtiva ou uma movimentação silenciosa e a sensação de ambiente pode sinalizar perigo iminente ou calmaria.

Em um contexto mais amplo, a observação contínua é um reflexo de uma atitude proativa e responsável. O policial que desenvolve essa habilidade está constantemente em busca de novos aprendizados, atento às mudanças no comportamento de pessoas e ao movimento da sociedade. Ele não se limita a atuar apenas em situações de crise, mas mantém um olhar atento ao seu entorno, observando as dinâmicas sociais, as relações de poder e as tensões que possam surgir em sua área de atuação. Essa vigilância constante, sem ser excessivamente invasiva ou autoritária, faz do policial um agente não apenas de resposta, mas também de prevenção e compreensão.

Portanto, a capacidade de observação é uma característica imprescindível para qualquer policial. Ela envolve um olhar atento, uma mente aguçada e uma sensibilidade capaz de perceber tanto o óbvio quanto o implícito. Quando bem treinada e aplicada, essa habilidade não só contribui para o sucesso das operações policiais, mas também fortalece a confiança da comunidade, promove a justiça e a segurança e permite ao policial agir com precisão, discernimento e respeito pelas complexidades do mundo que o cerca. Por derradeiro, um policial com uma boa capacidade de observação é mais capaz de proteger e servir com sabedoria, eficácia e humanidade.

BOM JULGAMENTO

O bom julgamento é outra das qualidades mais necessárias e apuradas que um policial pode possuir. Em um mundo dinâmico, repleto de incertezas e pressões, onde cada decisão pode ter repercussões significativas, a habilidade de fazer escolhas sábias e equilibradas é o que distingue o policial altamente competente daquele que pode se desviar da ética ou agir de maneira impensada. O bom julgamento não é apenas a capacidade de analisar uma situação à luz dos fatos conhecidos, mas envolve uma visão holística que integra a experiência, a sensibilidade, o conhecimento técnico e o discernimento moral. Para um policial, tomar decisões acertadas é indispensável não apenas para garantir a segurança pública, mas também para preservar os direitos e a dignidade das pessoas envolvidas, promovendo a justiça e a equidade.

No seu âmago, o bom julgamento policial é a habilidade de pesar todos os elementos de uma situação e considerar as possíveis consequências de cada ação antes de agir. Ao lidar com situações de emergência, onde o tempo é um fator crítico, e ao tomar decisões rápidas, o policial precisa ser capaz de realizar uma análise mental ágil, mas profunda, que leve em conta tanto os aspectos legais quanto humanos. A situação que ele enfrenta pode ser complexa e multifacetada, envolvendo desde um simples pedido de socorro até uma operação de alto risco. Nesses momentos, o policial deve ser capaz de identificar os elementos essenciais, ignorando o que é irrelevante, para que sua decisão seja a mais eficaz e justa possível.

O bom julgamento não surge apenas do conhecimento técnico, mas também da experiência vivida ao longo da carreira. Um policial que já enfrentou diversas situações de perigo, que tem uma visão ampla sobre a natureza do delito e da violência, e que conhece os limites e as nuances do seu trabalho, tende a tomar decisões mais equilibradas e adequadas. A experiência permite-lhe antecipar resultados, perceber padrões que outros podem não perceber e identificar as motivações de uma pessoa, seja ela vítima, testemunha ou suspeito. Esse acúmulo de vivências torna o policial mais apto a agir de forma ponderada, mesmo sob pressão, levando em conta não apenas o que é legalmente correto, mas o que é eticamente adequado e moralmente justo.

Todavia, o bom julgamento também exige uma capacidade excepcional de lidar com o estresse e as pressões externas. No calor de uma operação, diante de um confronto ou em uma situação de risco iminente, a emoção pode obscurecer o raciocínio lógico. O policial deve, então, ser capaz de controlar suas reações, evitando que o medo, a raiva ou o nervosismo comprometam a clareza de sua análise. O autocontrole, portanto, é uma condição primordial para a tomada de boas decisões. Em momentos críticos, o policial precisa manter a calma e ser capaz de pensar com clareza, utilizando sua experiência e conhecimento para fazer as escolhas que garantirão a segurança e o sucesso da missão.

Além do mais, o bom julgamento também envolve a capacidade de balancear a autoridade com a empatia. O policial deve estar sempre ciente de que, ao tomar decisões, ele não está apenas aplicando a lei, mas também impactando a vida das pessoas que, de alguma forma, estão envolvidas na situação. Isso significa que, ao decidir, o policial deve considerar não só o que é legal, mas também o que é justo e humano. Em uma abordagem, por exemplo, ele pode se deparar com um indivíduo em situação de vulnerabilidade, alguém que pode estar cometendo um ato criminoso por necessidade ou por falta de opções. O bom julgamento nesse caso exige que o policial leve em conta as circunstâncias da pessoa, tratando-a com respeito e dignidade, mesmo quando a lei deve ser aplicada. A sensibilidade, então, torna-se uma extensão da ética profissional, pois permite ao policial perceber o contexto mais amplo e decidir de maneira mais apropriada.

Uma outra faceta crucial do bom julgamento no policiamento é a habilidade de diferenciar entre o que é urgente e o que pode esperar, priorizando ações que trarão os melhores resultados para a situação em questão. Em muitas ocasiões, o policial deve lidar com múltiplas responsabilidades ao mesmo tempo, desde a proteção de vítimas até a apreensão de delinquentes, passando pela coleta de evidências e pela gestão de riscos. Nesse cenário, a capacidade de discernir o que requer uma resposta imediata e o que pode ser tratado de forma mais cautelosa é determinante para a eficácia de sua ação. O bom julgamento, então, permite ao policial agir de maneira estratégica, tomando decisões fundamentadas que levem em consideração não apenas o contexto imediato, mas também as implicações a longo prazo.

A capacidade de realizar julgamentos sensatos é igualmente importante no campo da investigação. Em investigações criminais, o policial é frequentemente confrontado com diferentes versões dos fatos, testemunhos contraditórios e evidências muitas vezes ambíguas. O bom julgamento, neste caso, exige uma avaliação cuidadosa de todas as informações disponíveis, de forma a extrair conclusões lógicas e justas. O policial deve ser capaz de fazer uma distinção entre fatos concretos e suposições, entre provas sólidas e indícios que podem ser enganosos. A sua decisão sobre como proceder, seja em relação à coleta de elementos informativos, seja no questionamento de suspeitos ou no direcionamento de recursos, precisa ser baseada em uma análise imparcial e equilibrada, de modo a garantir que a justiça seja realmente alcançada.

O bom julgamento também desagua em uma forte adesão à ética e à moralidade. O policial deve estar ciente de que seu comportamento é monitorado pela sociedade e que suas decisões podem afetar a confiança pública na instituição que representa. Decisões imprudentes ou injustas podem comprometer a integridade da profissão e prejudicar a imagem da polícia, tornando mais difícil a construção de uma relação de respeito e confiança com a comunidade. Por conseguinte, o bom julgamento envolve uma compreensão profunda da responsabilidade ética que o policial carrega e a certeza de que, em todas as situações, ele deve agir de acordo com os princípios da justiça, da igualdade e da imparcialidade. Cada decisão tomada deve refletir a seriedade da missão de servir e proteger, respeitando os direitos humanos e assegurando que todos sejam tratados com dignidade, independentemente de sua posição social, origem ou circunstâncias.

A formação contínua e o autocuidado também são aspectos importantes para o desenvolvimento do bom julgamento. O policial não deve se deixar envolver pelo desgaste emocional ou físico, pois isso pode afetar negativamente sua capacidade de avaliar situações de forma clara e objetiva. O treinamento contínuo, a reflexão sobre decisões passadas e o cuidado com a saúde mental e emocional ajudam o policial a manter sua mente alerta e seu julgamento apurado. Ademais, o policiamento é uma profissão que exige adaptação constante, à medida que as situações sociais e os contextos de segurança mudam. O bom julgamento envolve, portanto, uma capacidade de aprender com as experiências, ajustar as práticas e se atualizar constantemente, para que as decisões tomadas sejam sempre as mais adequadas aos novos desafios.

Por fim, o bom julgamento é a base sobre a qual todas as outras habilidades essenciais para o bom policial podem ser aplicadas com eficácia. Coragem, disciplina, empatia, resiliência e outras virtudes só podem ser verdadeiramente eficazes se acompanhadas da capacidade de tomar decisões bem fundamentadas. Um policial com bom julgamento é um agente que compreende profundamente a complexidade do seu papel e age com prudência e responsabilidade, sempre buscando o equilíbrio entre a aplicação da lei e o respeito pelos direitos humanos, entre a eficiência e a justiça. Ele é, acima de tudo, um guardião da confiança pública e um defensor incansável da verdade e da equidade.

HABILIDADE DE COMUNICAÇÃO

A habilidade de comunicação é uma das qualidades mais elementares e multifacetadas para um policial. Em um contexto em que a interação com a comunidade, a resolução de conflitos, a coleta de informações e a gestão de situações de risco dependem diretamente da capacidade de se expressar com clareza, empatia e eficácia, a comunicação torna-se uma ferramenta fundamental no desempenho da função policial. Seja em abordagens cotidianas ou em operações complexas, a habilidade de comunicar-se bem é um atributo indispensável para qualquer policial que deseje não apenas cumprir a lei, mas também estabelecer uma relação de confiança, respeito e segurança com os cidadãos que serve.

A comunicação de um policial envolve mais do que simplesmente transmitir ordens ou instruções. Ela abrange uma gama de competências que vão desde a capacidade de ouvir com atenção até a habilidade de adaptar a mensagem conforme a situação, o público e o contexto. Em primeiro lugar, o policial precisa entender que a comunicação eficaz não se limita ao ato de falar, mas inclui a escuta ativa. Saber ouvir é um componente imprescindível dessa habilidade, pois permite ao policial compreender melhor as necessidades, preocupações e até os medos das pessoas com quem interage. Ao ouvir atentamente, o policial consegue captar detalhes importantes que podem passar despercebidos em uma comunicação unilateral. Seja em uma abordagem a um cidadão em situação de vulnerabilidade, seja em uma entrevista com testemunhas ou suspeitos, a escuta ativa não só ajuda na obtenção de informações valiosas, mas também contribui para a construção de uma relação de respeito mútuo e de cooperação.

Além de ouvir com atenção, o policial deve ser capaz de transmitir suas mensagens de forma clara, objetiva e compreensível. A comunicação verbal, quando realizada com clareza, evita mal-entendidos e aumenta a eficácia da ação policial. Em situações de alta tensão, como abordagens em que há risco de confronto ou em casos de emergência, ser capaz de dar instruções diretas e precisas é vital para garantir que todos os envolvidos entendam o que é esperado de maneira rápida e sem margem para erro. A comunicação clara e concisa também é fundamental para a segurança do policial e da comunidade, pois minimiza as chances de confusão e maximiza as chances de uma resposta adequada às circunstâncias.

A habilidade de comunicação também envolve a capacidade de adaptar a abordagem ao interlocutor, levando em consideração a situação e o perfil da pessoa com quem o policial está lidando. O modo como um policial se comunica com um suspeito em um caso de investigação pode ser diferente de como ele se comunica com uma vítima ou uma criança. A adaptabilidade é uma característica essencial para lidar com a diversidade de pessoas e situações que surgem no cotidiano policial. Um policial empático, que sabe ajustar seu tom de voz, suas palavras e sua postura de acordo com o contexto, pode conseguir acalmar uma situação tensa, estabelecer uma comunicação construtiva ou até prevenir um conflito maior. Essa sensibilidade permite que o policial gere confiança e construa pontes de diálogo, em vez de erigir barreiras.

Em um cenário de resolução de conflitos, a habilidade de comunicação assume uma relevância ainda mais crucial. Muitas vezes, o policial é chamado para mediar situações de tensão entre indivíduos, grupos ou até dentro de famílias. Nesses momentos, a capacidade de ouvir com imparcialidade, entender as motivações e emoções de ambas as partes e, ao mesmo tempo, ser capaz de expressar com firmeza e respeito a necessidade de cumprir a lei e de agir de acordo com os princípios de justiça é vital para a resolução pacífica do conflito. A comunicação, nesse contexto, se torna uma ferramenta não apenas de autoridade, mas também de pacificação e de promoção da harmonia.

Além da comunicação verbal, a comunicação não-verbal também desempenha um papel determinante na interação policial. A linguagem corporal, os gestos, as expressões faciais e o tom de voz podem influenciar enormemente a maneira como a mensagem é recebida e interpretada. O policial deve estar ciente de como sua postura, seu olhar e suas ações podem ser percebidos pelas pessoas ao seu redor. Uma postura agressiva ou hostil, por exemplo, pode acirrar um conflito, enquanto uma postura aberta e tranquila pode contribuir para aliviar a tensão. Da mesma forma, um tom de voz calmo e controlado pode ser mais eficaz do que palavras duras ou autoritárias, especialmente quando o objetivo é estabelecer um diálogo construtivo. A consciência dessa dimensão não-verbal da comunicação é essencial para um policial que deseja ser eficaz em sua interação com a comunidade e em suas funções de mediação e resolução de crises.

Outro aspecto fundamental da comunicação policial é a capacidade de comunicar-se de forma eficaz com a equipe. A comunicação interna, entre colegas de trabalho, supervisores e subordinados, é imperiosa para o sucesso das operações e para o bom funcionamento da corporação. Uma comunicação bem coordenada entre os membros de uma equipe permite que as ações sejam mais eficientes, que os riscos sejam identificados e que a atuação seja mais assertiva. No contexto de uma operação, por exemplo, a capacidade de compartilhar informações relevantes de forma clara e oportuna pode ser a chave para evitar erros, falhas de estratégia ou até mesmo colocar em risco a segurança dos agentes ou da população. A comunicação entre a equipe deve ser direta, mas também respeitosa, considerando a diversidade de opiniões e a necessidade de cooperação.

Ademais, a comunicação desempenha um papel importante na construção e manutenção da confiança entre a polícia e a comunidade. O policial que sabe se comunicar de forma respeitosa e transparente com os cidadãos é mais propenso a ganhar a confiança e o respeito das pessoas que ele serve. O diálogo aberto e honesto pode ajudar a esclarecer mal-entendidos, a dissipar suspeitas e a promover uma colaboração mútua entre a polícia e os cidadãos. Quando a comunidade sente que a polícia está disposta a ouvir suas preocupações e responder de forma adequada, a relação de confiança se fortalece, tornando mais fácil o trabalho de prevenção, investigação e resolução de crimes. Em tempos de tensão ou desconfiança social, a comunicação se torna uma ponte essencial para a restauração da relação de respeito e para a promoção da segurança.

No entanto, a habilidade de comunicação não é algo que surge naturalmente, mas deve ser constantemente desenvolvida e aprimorada ao longo da carreira policial. Isso envolve treinamento contínuo, reflexão sobre a prática e o desenvolvimento de competências interpessoais. O policial precisa estar consciente da importância de sua comunicação e dos impactos que ela pode ter, tanto no sucesso de uma operação quanto no relacionamento com a comunidade. O aprimoramento da comunicação também passa pelo domínio de novas ferramentas tecnológicas e pela adaptação às novas realidades sociais, como as interações por meios digitais e a comunicação em ambientes de alto estresse.

Portanto, a habilidade de comunicação é uma das mais importantes competências de um bom policial. Ela não só influencia diretamente a eficácia das ações policiais, mas também contribui para a construção de uma sociedade mais justa, segura e colaborativa. Um policial habilidoso na comunicação é capaz de resolver conflitos com sabedoria, coletar informações de maneira eficaz, trabalhar em equipe com harmonia e, sobretudo, estabelecer uma relação de confiança e respeito com a comunidade que serve. Por derradeiro, a comunicação eficaz é um dos pilares sobre o qual se constrói a excelência no trabalho policial e a qualidade das relações entre a polícia e a sociedade.

PACIÊNCIA

A paciência é uma virtude fundamental para o bom policial, sendo muitas vezes a chave para a resolução pacífica de situações tensas e desafiadoras. Em um mundo onde a pressa é uma constante e a ansiedade muitas vezes domina os ambientes urbanos, a paciência permite que o policial atue com discernimento, evitando reações impulsivas e favorecendo soluções mais eficazes e justas. Trata-se de uma qualidade que exige autocontrole, resistência emocional e uma profunda compreensão da complexidade dos seres humanos e das circunstâncias em que se encontra. A paciência não é, portanto, simplesmente uma espera passiva, mas uma escolha ativa e estratégica, que possibilita o policial a tomar decisões mais ponderadas, eficazes e, muitas vezes, mais humanas.

Em primeiro lugar, a paciência é uma habilidade fulcral para lidar com o estresse e a pressão constante da profissão policial. A rotina de um policial, seja no patrulhamento de ruas movimentadas ou em situações de crise, é marcada por elevados níveis de tensão, ansiedade e incerteza. O policial frequentemente enfrenta cenários onde a resposta rápida é necessária, mas a impulsividade pode trazer mais prejuízos do que benefícios. A paciência, nesse sentido, é um antídoto para a reatividade, permitindo que o policial mantenha a calma diante do caos. A paciência é, assim, uma forma de inteligência emocional, que capacita o policial a se afastar de reações precipitadas, refletir sobre as opções e, quando necessário, esperar o momento certo para agir. Este autocontrole emocional é essencial para evitar situações de violência desnecessária e para promover um ambiente de maior segurança e justiça.

Além disso, a paciência é de grande importância no manejo de conflitos. Muitos dos desafios enfrentados pelo policial em sua jornada diária envolvem interações com pessoas em situações de grande tensão emocional, seja em confrontos de rua, em disputas familiares ou em abordagens de suspeitos. Nestes momentos, a rapidez e a agressividade podem, em vez de resolver, intensificar o conflito. A paciência permite ao policial uma escuta ativa e atenta, ajudando-o a compreender as raízes do problema, a motivação das partes envolvidas e a adotar uma postura mais construtiva. Em muitos casos, uma abordagem calma e paciente pode ser o que mais contribui para desescalar uma situação, seja ao permitir que as partes se expressem sem interrupção ou ao proporcionar um espaço de reflexão antes de tomar decisões drásticas.

A paciência também se torna vital quando se trata da construção e manutenção da confiança com a comunidade. As relações entre a polícia e a população nem sempre são fáceis, e, frequentemente, o trabalho policial envolve lidar com desconfianças, resistências ou até hostilidade. A paciência é, nesse sentido, um instrumento para criar um espaço de entendimento mútuo. Um policial paciente não pressiona suas decisões ou ações, mas compreende que a construção de um relacionamento sólido com a comunidade exige tempo, consistência e respeito. Ele sabe que a confiança não é algo que se conquista da noite para o dia, mas sim um processo gradual, feito de pequenas ações cotidianas e de uma postura acessível e compreensiva. Com paciência, o policial pode superar barreiras sociais, culturais e históricas, estabelecendo um vínculo que fortalece a segurança e a cooperação entre a polícia e os cidadãos.

    Outro ponto em que a paciência é indispensável diz respeito à investigação criminal. Muitas vezes, o sucesso de uma investigação não depende de ações rápidas e audaciosas, mas da persistência paciente. O processo investigativo exige, muitas vezes, que o policial reúna evidências, ouça testemunhas e analise dados com rigor e minúcia. A pressa em solucionar um caso pode levar a conclusões precipitadas, a interpretações errôneas ou à perda de detalhes cruciais. A paciência permite que o policial colete as informações de maneira completa e precisa, analisando as evidências com calma e atenção, sem se deixar influenciar pela pressão de resultados rápidos. Ela também permite que o policial se mantenha focado em seu trabalho de forma disciplinada, mesmo quando os progressos são lentos ou as soluções não aparecem de imediato. Esse comportamento paciente é, muitas vezes, o que leva ao desfecho positivo de investigações complexas e ao esclarecimento de crimes, já que, por meio da paciência, o policial consegue identificar padrões e conexões que não seriam visíveis àqueles que, apressados, poderiam passar por cima dos detalhes.

A paciência também se reflete no processo de educação e treinamento contínuo que o policial deve enfrentar ao longo de sua carreira. A profissão exige uma constante atualização de conhecimentos, habilidades e competências. O aprendizado é um processo contínuo, e a paciência é necessária para lidar com a frustração que pode surgir diante das dificuldades e dos erros cometidos ao longo do caminho. O policial paciente entende que o aperfeiçoamento exige tempo e persistência, e que cada erro é uma oportunidade de aprendizado. Com essa mentalidade, o policial se torna não apenas mais competente, mas também mais sábio, ao perceber que cada experiência, por mais difícil que seja, faz parte de seu desenvolvimento pessoal e profissional. A paciência, portanto, não é apenas uma virtude de caráter, mas uma ferramenta prática para o aprimoramento constante.

É importante também destacar a paciência em relação à própria evolução do sistema de justiça. Embora a atuação policial seja fundamental para a manutenção da ordem e da segurança, o processo de justiça muitas vezes é longo e complexo. O policial paciente sabe que, após a detenção de um suspeito ou a coleta de provas, o trabalho dele se estende até o sistema judiciário, que pode levar tempo para analisar e julgar os casos. Esse reconhecimento de que o processo de justiça é muitas vezes demorado exige do policial uma aceitação de que nem todas as soluções vêm de imediato, mas sim após um longo percurso institucional. A paciência, nesse contexto, permite ao policial lidar de forma mais tranquila com a frustração de que nem todos os problemas podem ser resolvidos de forma instantânea e que muitas vezes a justiça exige um tempo que vai além da ação imediata do policial.

Por último, a paciência também é um fator vital na gestão da saúde mental e emocional do próprio policial. A profissão policial pode ser emocionalmente desgastante, expondo o agente a situações traumáticas, estresse contínuo e, muitas vezes, à pressão para tomar decisões em momentos de alta tensão. A paciência consigo mesmo é uma forma de autocuidado. Ela permite ao policial lidar com o desgaste emocional de modo equilibrado, sem sucumbir à pressão ou ao desespero. Ao cultivar a paciência, o policial consegue manter sua saúde mental em equilíbrio, respeitando seus próprios limites e buscando ajuda quando necessário, o que contribui para o seu bem-estar e a eficácia de sua atuação a longo prazo.

Em suma, a paciência é uma qualidade indispensável para o bom policial, refletindo não apenas o controle emocional e a capacidade de agir com discernimento, mas também a habilidade de lidar com os desafios do cotidiano profissional de maneira resiliente e sábia. Ao cultivar a paciência, o policial não apenas evita reações precipitadas e erradas, mas também constrói relações de confiança e respeito com a comunidade, melhora a qualidade de seu trabalho investigativo e se torna mais capaz de resolver conflitos de maneira eficiente e justa. A paciência, portanto, é uma verdadeira coluna que sustenta uma atuação policial eficaz, ética e humana, promovendo não apenas a segurança, mas também o bem-estar e a harmonia social.

AUTOCONTROLE

O autocontrole é uma das características mais importantes para um bom policial. Ele é a capacidade de manter o equilíbrio emocional em face das mais diversas situações, especialmente as de pressão intensa, risco ou conflito. Em uma profissão onde os desafios surgem de forma inesperada, onde decisões rápidas podem ter consequências profundas e onde, muitas vezes, a reação impulsiva é natural, o autocontrole emerge como uma virtude imprescindível. Ele permite que o policial atue com discernimento, justiça e imparcialidade, evitando que o impulso ou as emoções momentâneas prevaleçam sobre o julgamento racional e ético.

Em primeiro lugar, o autocontrole é vital para o gerenciamento do estresse diário que acompanha a rotina de um policial. A pressão constante, o risco de confrontos, as situações de perigo iminente e as exigências de ser um exemplo de conduta tanto na rua quanto no ambiente corporativo, geram um nível de tensão emocional que pode afetar a capacidade de agir de modo racional e equilibrado. Um policial que não possui autocontrole pode ser levado pela raiva, pela frustração ou pelo medo, e essas emoções podem, por sua vez, comprometer sua segurança, a dos outros e a confiança da comunidade em seu trabalho. O autocontrole, nesse sentido, é um mecanismo interno de defesa, que protege tanto o policial quanto os cidadãos das consequências de reações impulsivas e desproporcionais.

Quando um policial se depara com uma situação de confronto, seja ela física, verbal ou emocional, o autocontrole torna-se a chave para uma ação eficaz. Em muitos casos, a presença de espírito e a capacidade de manter a calma diante da hostilidade ou da agressão evitam que uma simples interação se transforme em um conflito maior e mais violento. Esse autocontrole não significa passividade ou omissão na presença de uma situação adversa, mas sim a capacidade de tomar uma decisão equilibrada, ponderada e apropriada à circunstância. Por exemplo, em uma abordagem de um suspeito potencialmente armado ou em uma situação de revolta popular, o policial que age com autocontrole consegue lidar com a tensão de maneira eficiente, mantendo-se alerta, mas sem ceder à impulsividade. Ele sabe identificar os riscos e as oportunidades, sem perder a compostura, e reage de acordo com as diretrizes da lei, preservando sempre a ordem e a segurança.

O autocontrole também é fundamental para a tomada de decisões sob pressão. O policial habitualmente se vê cara a cara com situações que exigem uma escolha rápida, em que os erros podem ter sérias implicações. Seja ao decidir entre intervir imediatamente ou esperar o apoio de uma equipe, seja ao avaliar o uso da força em um confronto, o autocontrole permite que o policial tome decisões que sejam ponderadas e alinhadas aos princípios legais e éticos. A habilidade de pausar, refletir e avaliar as opções disponíveis, mesmo diante da pressão, impede que o policial seja guiado por uma reação emocional que poderia levar a uma escolha errada. Essa capacidade de manter a calma, mesmo nos momentos de maior tensão, é um reflexo da força interior do policial, que compreende que a decisão mais eficaz muitas vezes é aquela que resulta do autocontrole e não da reação impetuosa.

Além do mais, o autocontrole é primordial para garantir a imparcialidade e a justiça nas ações do policial. Um policial que perde o controle de suas emoções pode ser mais suscetível a agir com preconceito, com parcialidade ou, até mesmo, com violência desnecessária. O autocontrole ajuda a manter a clareza mental, permitindo que o policial atue de maneira justa e equitativa, sem ser influenciado por sentimentos pessoais, como raiva, frustração ou desconfiança. A manutenção do autocontrole também é crucial em situações que envolvem a interação com cidadãos em estado emocional vulnerável, como vítimas de crimes, testemunhas traumatizadas ou pessoas em crise. Nesses momentos, o policial precisa ser capaz de agir com sensibilidade, empatia e respeito, sem deixar que suas próprias emoções ou julgamentos pessoais interfiram no atendimento ou na condução da situação. O autocontrole é, assim, o que garante que as ações do policial sejam não apenas legais, mas também humanas e éticas.

Em um contexto de investigação, o autocontrole também desempenha um papel decisivo. O trabalho investigativo muitas vezes exige persistência e paciência, já que muitas investigações podem demorar a dar resultados concretos. O policial que não tem autocontrole pode ceder à frustração e ao desespero, prejudicando a qualidade da investigação ou tomando decisões precipitadas. Em casos de interações com suspeitos, testemunhas ou vítimas, o autocontrole é igualmente importante para garantir que o policial permaneça objetivo, sem deixar que as emoções contaminem a coleta de informações ou o processo de tomada de decisão. Ele é capaz de administrar suas reações e agir com imparcialidade, sendo diligente em sua busca pela verdade, mas sem perder o equilíbrio necessário para realizar seu trabalho da melhor forma possível.

O autocontrole também se manifesta em como o policial lida com o reconhecimento de suas próprias limitações e falhas. O ideal de perfeição é muitas vezes irrealista, e os policiais, como qualquer outro ser humano, cometem erros. Um policial que demonstra autocontrole sabe reconhecer suas falhas com humildade e procura aprendizado constante. Ele não reage defensivamente ou com resistência quando confrontado com críticas construtivas ou quando se depara com seus próprios limites. Ao contrário, ele usa esses momentos de autorreflexão para crescer e melhorar suas habilidades. O autocontrole aqui se traduz na capacidade de manter a calma diante de desafios pessoais e profissionais, de aprender com as experiências e de melhorar constantemente no exercício de suas funções.

Em adição, o autocontrole é um fator fundamental para a manutenção da saúde mental do policial. Em um trabalho que exige constante vigilância e envolvimento com situações de estresse, é imperioso que o policial saiba quando e como dar uma pausa emocional para recuperar seu equilíbrio. O autocontrole permite que o policial não apenas gerencie suas emoções durante o trabalho, mas também tenha a disciplina necessária para buscar apoio psicológico quando necessário, prevenindo que o acúmulo de estresse, traumas ou situações não resolvidas comprometam seu bem-estar a longo prazo. Ao manter o autocontrole, o policial pode equilibrar sua vida profissional e pessoal, preservando sua saúde mental, física e emocional, o que, em última análise, contribui para sua eficácia no trabalho e para a segurança de todos ao seu redor.

O autocontrole, portanto, é uma habilidade multifacetada que permite ao policial tomar decisões acertadas, agir com responsabilidade e manter a ética e a humanidade em sua atuação. Ele não é uma qualidade que surge de forma natural, mas é cultivada através do autoconhecimento, da prática constante e da disciplina emocional. Ser um bom policial exige, acima de tudo, o domínio de si mesmo, a capacidade de controlar as próprias emoções e impulsos, para que as ações sejam sempre guiadas pela razão, pela justiça e pelo compromisso com o bem-estar da sociedade. Quando o policial tem o autocontrole, ele não apenas executa suas funções com competência, mas também se torna um modelo de conduta, respeitado pela comunidade, e um agente de transformação social.

HABILIDADES DE NEGOCIAÇÃO

As habilidades de negociação são, sem dúvida, uma das características mais relevantes para um policial que almeja desempenhar sua função com eficácia e respeito pela sociedade. Enquanto muitos tendem a associar a profissão policial ao uso de força física e autoridade, a realidade é que grande parte das situações desafiadoras enfrentadas por policiais exige mais do que ação imediata. Em muitos cenários, as habilidades de negociação são as ferramentas mais poderosas que um policial pode empregar, seja para desarmar um conflito, desescalar uma situação de perigo, ou até mesmo para salvar vidas. A negociação, nesse sentido, é uma arte refinada que envolve muito mais do que técnicas de comunicação; ela requer empatia, paciência, autocontrole e uma capacidade aguçada de leitura do comportamento humano.

No contexto policial, a negociação assume uma importância ainda maior, pois está costumeiramente relacionada a situações extremas, onde os riscos são elevados e a vida de indivíduos – tanto civis quanto policiais – está em jogo. Isso é particularmente evidente em cenários como negociações de reféns, confrontos armados ou situações em que um indivíduo em crise mental pode colocar em risco a sua própria vida e a vida dos outros. Nessas circunstâncias, a habilidade de um policial em manter a calma, em estabelecer um diálogo claro e eficaz, e em conduzir a conversa de maneira a evitar a violência, torna-se não apenas uma habilidade profissional valiosa, mas um fator determinante para o sucesso da operação.

Para que a negociação seja bem-sucedida, é fundamental que o policial desenvolva uma escuta ativa. A escuta não é simplesmente ouvir as palavras do outro, mas também entender o contexto emocional e psicológico por trás dessas palavras. Um bom negociador sabe que cada pessoa, em uma situação de crise, traz consigo um conjunto único de medos, frustrações e expectativas. O policial precisa ser capaz de identificar essas nuances e usá-las a seu favor, com o objetivo de reduzir a tensão e criar um ambiente mais propício para uma resolução pacífica. Muitas vezes, as palavras têm um peso muito maior do que ações físicas, e o que um policial diz pode ser o fator decisivo entre o sucesso e o fracasso de uma negociação.

    Entretanto, a habilidade de negociação vai muito além da pura comunicação verbal. Ela também envolve uma leitura sensível dos sinais não verbais, como o tom de voz, a postura, os gestos e as expressões faciais do interlocutor. Em situações tensas, onde a linguagem verbal pode ser limitada ou distorcida pela emoção, os sinais não verbais assumem um papel crucial na compreensão da verdadeira disposição e intenção do outro. Isso exige que o policial desenvolva um nível elevado de percepção e empatia, para que consiga discernir a diferença entre uma resposta genuína e uma reação defensiva ou agressiva.

    Ademais, a negociação eficaz demanda uma grande capacidade de controle emocional. O policial precisa ser capaz de lidar com a pressão do momento, mantendo sua própria calma e compostura, independentemente do comportamento do outro. Quando uma situação se intensifica, é fácil perder a paciência ou agir impulsivamente, mas um bom negociador policial sabe que a pressa e a pressão podem levar a decisões precipitadas e, muitas vezes, perigosas. Ele entende que o tempo pode ser seu aliado. Em muitos casos, dar espaço e tempo para que a pessoa do outro lado da negociação se acalme, reflita e reconsidere sua posição é uma estratégia fundamental para a resolução pacífica do conflito.

    A habilidade de negociar também implica saber quando ceder e quando manter firme uma posição. Em negociações de alto risco, como a de reféns ou confrontos com indivíduos armados, há sempre a necessidade de fazer concessões – seja no tom, nas propostas ou nas exigências. No entanto, essas concessões não devem significar um comprometimento com os princípios básicos da segurança e da justiça. O policial negociador deve estar preparado para saber até onde pode ceder sem colocar em risco a integridade das pessoas envolvidas. Em outras palavras, a negociação não se trata de "vencer" o outro, mas de encontrar um equilíbrio em que os interesses das partes em jogo sejam respeitados e, quando possível, atendidos de forma que a violência seja evitada.

Outro aspecto fundamental das habilidades de negociação é a capacidade de construir uma relação de confiança, mesmo em circunstâncias adversas. Quando se trata de indivíduos que estão em um estado emocional extremo ou de confrontos com pessoas agressivas, conquistar a confiança do outro lado é essencial. Isso pode ser feito através de uma comunicação clara e honesta, do reconhecimento das preocupações da outra pessoa e do compromisso com a resolução pacífica da situação. O policial, ao demonstrar interesse genuíno pelas necessidades e pelo bem-estar da outra parte, cria um espaço para o diálogo, onde a violência é substituída pela colaboração.

As habilidades de negociação não se limitam, portanto, às situações mais dramáticas ou extremas. Elas devem ser vistas como uma ferramenta cotidiana no exercício da profissão policial. Cada interação com a comunidade pode ser uma forma de negociação. Seja ao abordar um cidadão em uma fiscalização de trânsito, ao mediar uma disputa entre vizinhos ou até mesmo ao lidar com uma pessoa em surto, o policial é constantemente chamado a utilizar seu discernimento e suas capacidades de comunicação para resolver conflitos de maneira eficiente e respeitosa. Isso reforça a importância da formação contínua e da prática dessas habilidades, para que o policial possa estar sempre preparado para lidar com qualquer situação com competência e sensatez.

Além do mais, a habilidade de negociação é indissociável de um profundo compromisso com a ética e os direitos humanos. O policial que se dedica a aprender as técnicas e os princípios da negociação está, também, se comprometendo a adotar uma postura que priorize a preservação da vida, a redução da violência e o respeito pelos direitos dos indivíduos. A habilidade de negociar é, em última análise, uma expressão do profissionalismo e da humanidade do policial, que busca sempre a melhor solução possível para as partes envolvidas, sem recorrer a métodos destrutivos ou coercitivos.

Portanto, podemos concluir que as habilidades de negociação são fundamentais para a construção de uma polícia mais eficiente, respeitosa e humana. A verdadeira eficácia de um policial não é medida apenas pela sua capacidade de exercer autoridade, mas pela sua habilidade em resolver conflitos de maneira pacífica, preservando a ordem e a segurança sem recorrer ao uso excessivo da força. Em um mundo cada vez mais complexo e interconectado, a capacidade de negociar com empatia, paciência e respeito é uma das qualidades mais valiosas que um policial pode possuir, não apenas para proteger a sociedade, mas para construir uma relação de confiança e respeito mútuo com ela.

CONFIANÇA

A confiança é, sem dúvida, uma das qualidades mais fundamentais e essenciais para a construção de uma carreira policial sólida e respeitável. Em uma sociedade que depende da polícia para garantir a ordem, a segurança e a justiça, a confiança é o alicerce sobre o qual se erige a relação entre o policial e a comunidade. Sem confiança, toda a estrutura da atuação policial perde sua eficácia e legitimidade. Ela não apenas sustenta a credibilidade do policial individualmente, mas também fortalece a instituição como um todo, criando um ambiente em que a colaboração entre a polícia e a sociedade é possível, eficaz e construtiva.

A confiança é um valor que, embora invisível e intangível, se revela nas ações cotidianas de quem exerce a função policial. Ela não pode ser forjada apenas com palavras, nem adquirida por meios artificiais. A confiança se constrói, antes de tudo, por meio da integridade. Um policial que age de acordo com princípios éticos, que se comporta com respeito e transparência, é capaz de conquistar a confiança das pessoas com quem interage. O respeito pelos direitos dos cidadãos, o cumprimento das leis e o comprometimento com o bem-estar da comunidade são ações que estabelecem um vínculo genuíno e duradouro entre o policial e a população.

Quando se fala em confiança no contexto policial, é importante destacar que ela envolve tanto a confiança da comunidade no policial quanto a confiança do policial na própria instituição e nas práticas que ela defende. Para que a confiança mútua seja eficaz, o policial deve ser alguém em quem a sociedade possa acreditar e confiar plenamente para tomar decisões difíceis com sensatez e equidade. O bom policial sabe que sua postura diante de situações delicadas, suas escolhas em momentos de crise e sua habilidade de agir com justiça sem parcialidade são elementos decisivos para ganhar e manter a confiança pública. Cada atitude deve ser tomada com a consciência de que os cidadãos observam, avaliam e, mais importante, dependem do policial para garantir sua segurança e a manutenção da ordem.

Contudo, a confiança não é um valor que se conquista de uma só vez; ela é construída ao longo do tempo e precisa ser constantemente cultivada. Um policial que se compromete a agir com transparência, a manter a honestidade em todas as situações e a cumprir suas responsabilidades com diligência está constantemente reafirmando sua credibilidade. Em um mundo onde a desconfiança em instituições públicas pode ser uma realidade difícil de superar, o policial tem um papel relevante na transformação dessa dinâmica. Por meio de atitudes consistentes e integradoras, o policial pode ser um vetor de mudança, promovendo uma cultura de confiança e respeito mútuo entre a polícia e a comunidade.

É necessário lembrar, também, que a confiança é uma via de mão dupla. Assim como os cidadãos precisam confiar nos policiais para que eles possam cumprir suas funções com eficácia, os policiais também devem confiar em sua própria capacidade de lidar com as mais diversas situações. A confiança no treinamento, no apoio institucional e na colaboração entre os colegas de profissão é fundamental para que o policial tenha coragem de tomar decisões firmes e acertadas, mesmo sob pressão. Essa confiança interna, no entanto, não deve ser confundida com arrogância. O policial que tem confiança em suas habilidades também sabe que a prudência, o respeito pelas limitações e o reconhecimento de quando é necessário buscar ajuda ou orientação são aspectos igualmente importantes da sua conduta.

Outro ponto importante a ser abordado sobre a confiança é o papel da transparência. Em um cenário em que a polícia lida com um vasto leque de situações complexas e desafiadoras, a transparência se torna um instrumento poderoso para estabelecer e manter a confiança pública. Quando as ações do policial são claras, justas e compreendidas pela sociedade, a confiança entre as partes é fortalecida. A comunicação aberta e honesta sobre as decisões e abordagens tomadas, sempre dentro dos limites da legalidade e do respeito aos direitos, é um fator crucial para a construção de uma imagem positiva da polícia.

Em contrapartida, a desconfiança pode se instalar quando há falta de transparência, abuso de autoridade ou qualquer outra prática que comprometa os valores da justiça e da equidade. O policial que age de maneira parcial, que se deixa levar por preconceitos ou que não respeita as normas estabelecidas para a sua atuação está, de fato, minando a confiança em seu trabalho e na própria instituição que representa. A confiança da comunidade se constrói e se destrói em um fio delicado, e cabe ao policial garantir que suas ações sejam sempre um reflexo das expectativas que a sociedade deposita nele.

A confiança também se reflete em como o policial lida com a diversidade de situações humanas que encontra ao longo de sua jornada. Cada indivíduo é único, com suas próprias experiências, crenças e desafios. Um bom policial sabe que para ganhar a confiança de diferentes grupos sociais, ele precisa ser sensível às suas realidades, respeitar suas diferenças e agir de forma justa e equilibrada. A confiança não é algo que se impõe pela força, mas sim algo que se conquista pelo exemplo e pelo respeito genuíno pela dignidade humana.

Em situações de grande estresse, como em confrontos, abordagens ou intervenções de risco, a confiança desempenha um papel decisivo. O policial precisa confiar em seu treinamento, em seus colegas de equipe e na capacidade de seu julgamento para tomar as melhores decisões em momentos de pressão. A confiança mútua dentro de uma equipe policial é o que garante a eficácia das operações, assegurando que todos saibam o papel que desempenham e possam contar uns com os outros, independentemente das dificuldades do momento.

Além disso, a confiança que a sociedade deposita no policial é indissociável da confiança que ele tem em sua própria missão. Quando um policial acredita no propósito de seu trabalho – a proteção da sociedade, a promoção da justiça e a preservação da ordem – ele é mais capaz de agir com autenticidade e com um senso de responsabilidade que reflete em suas ações diárias. A confiança em sua missão é o combustível que mantém sua determinação e resiliência em face dos desafios, e é essa confiança que será vista e reconhecida pela comunidade.

Finalmente, podemos afirmar que a confiança é, em sua essência, o alicerce que sustenta o vínculo entre a polícia e a sociedade. Sem confiança, não há respeito; sem respeito, não há colaboração. E sem colaboração, a segurança pública se torna um desafio insuperável. Um policial que conquista e mantém a confiança da comunidade está não apenas cumprindo seu dever, mas também construindo uma sociedade mais justa, harmônica e segura. E essa confiança, longe de ser um dado adquirido, precisa ser cultivada todos os dias, por meio de atitudes que honrem os mais elevados princípios da profissão policial: integridade, justiça, respeito, compromisso com o bem-estar da sociedade.

ADAPTABILIDADE

A adaptabilidade é, sem nenhuma margem para eventuais dúvidas, uma das características mais elementares para um policial que deseja se destacar e cumprir sua missão de forma eficaz e responsável. Em um mundo em constante mudança, onde novas ameaças e desafios surgem a cada dia, a capacidade de adaptação não é apenas uma qualidade desejável, mas uma habilidade imprescindível. A vida policial, com suas inúmeras variáveis e situações imprevistas, exige de seus profissionais uma flexibilidade mental e emocional para enfrentar os mais diversos cenários, seja em situações de conflito, em contextos de crise, ou na interação com uma sociedade cada vez mais diversificada e dinâmica. A adaptabilidade é, portanto, uma virtude que transcende o simples ajustamento a novas condições; ela envolve uma capacidade contínua de aprender, reagir e se transformar diante da complexidade do cotidiano policial.

No cerne da adaptabilidade está a habilidade de ajustar-se rapidamente às mudanças sem perder a compostura ou a eficácia. Em uma carreira policial, a rotina raramente é previsível. Uma abordagem de rotina pode rapidamente se transformar em uma situação de risco iminente, uma ocorrência tranquila pode se agravar inesperadamente e um ambiente familiar pode se tornar terreno de tensão. Nesse contexto, o policial precisa ser capaz de responder a essas mudanças de forma ágil e eficiente, sem se deixar paralisar pelo medo, pela surpresa ou pela pressão. A adaptabilidade envolve, portanto, uma preparação contínua – física, mental e emocional – para lidar com o inesperado, ao mesmo tempo em que mantém a clareza de pensamento e o equilíbrio necessários para tomar decisões acertadas.

A adaptação não se limita à capacidade de reagir a eventos de perigo ou de pressão. Ela também se estende à maneira como o policial se relaciona com os diferentes indivíduos e comunidades com os quais interage. As pessoas são complexas, e cada situação pode exigir uma abordagem única. O policial precisa ser capaz de ajustar sua postura, comunicação e ações de acordo com as necessidades e contextos específicos de cada cenário. Por exemplo, ao lidar com uma pessoa em crise emocional, a abordagem deve ser diferente daquela utilizada em uma fiscalização de trânsito. A mesma abordagem rígida e autoritária que pode ser necessária em um confronto com um suspeito armado pode não ser adequada em uma conversa com um morador de rua, que talvez precise mais de apoio psicológico do que de força física. Assim, a capacidade de adaptação permite ao policial perceber as diferentes necessidades das situações e agir de maneira a promover a solução mais eficaz, seja através do uso de autoridade ou da construção de diálogo.

Ademais, a adaptabilidade implica em uma disposição constante para o aprendizado e o aprimoramento. A sociedade e o próprio contexto policial estão em constante evolução. Novas leis são promulgadas, novas tecnologias são incorporadas, novas metodologias e técnicas são desenvolvidas para lidar com o crime, e a dinâmica social e política se altera. O bom policial sabe que nunca deve se acomodar na sua zona de conforto. Ele está sempre em busca de novas formas de melhorar sua atuação, seja por meio de treinamentos, atualizações de conhecimento ou experiências vividas. A adaptabilidade, nesse sentido, não é somente uma resposta imediata ao inesperado, mas um compromisso constante com a evolução profissional. O policial que se adapta está sempre disposto a aprender com seus erros, a acolher novas ideias e a aplicar novas abordagens em sua prática diária.

Essa abertura para o aprendizado e a mudança também se reflete na forma como o policial interage com seus colegas de trabalho e dentro da própria estrutura da instituição. Em muitas situações, a adaptação envolve trabalhar em equipe, o que exige flexibilidade para se ajustar ao estilo de trabalho e às opiniões de outros profissionais. Cada policial traz consigo um conjunto único de habilidades, experiências e perspectivas. A capacidade de adaptar-se a essas diferentes abordagens e de colaborar eficazmente em um ambiente coletivo é um fator determinante para o sucesso das operações e para a criação de um clima organizacional saudável e produtivo.

Todavia, a adaptabilidade também envolve uma dimensão mais profunda, relacionada ao autocontrole e à resiliência emocional. O policial deve ser capaz de se ajustar a situações de estresse, de violência, de dor ou até mesmo de tragédia, sem perder o foco ou sucumbir à pressão. A natureza da profissão policial exige que seus profissionais se depararem com cenários extremamente difíceis – acidentes graves, cenas de crime, situações de reféns, entre outros – e a capacidade de se adaptar emocionalmente a essas situações, mantendo a calma e o profissionalismo, é essencial. A adaptabilidade não significa apenas agir de forma prática, mas também manter a integridade emocional, lidando com as adversidades e os traumas de maneira saudável, sem que eles comprometam a eficácia no trabalho ou a saúde mental do policial.

A adaptabilidade também é um fator-chave na manutenção da confiança pública. Uma polícia que é capaz de se adaptar aos novos desafios da sociedade, seja respondendo a mudanças tecnológicas, seja tratando de questões sociais emergentes, como o uso de substâncias ilícitas ou novas formas de violência, demonstra um compromisso com a evolução e a legitimidade. Quando a polícia consegue se adaptar de maneira sensível e inteligente aos anseios e preocupações da sociedade, ela fortalece seu vínculo com a comunidade e melhora sua imagem, consolidando-se como uma instituição que está sempre em busca da melhor forma de servir e proteger a população.

Dentro desse contexto, a adaptabilidade do policial também está diretamente ligada ao seu senso de ética e integridade. Muitas vezes, a adaptação implica fazer escolhas difíceis e, por vezes, impopulares. O policial que tem uma forte base ética será capaz de ajustar suas estratégias e abordagens sem abrir mão de seus princípios fundamentais. Ele sabe que ser flexível não significa ceder a comportamentos errados ou agir de maneira imprudente. A verdadeira adaptabilidade é aquela que ocorre dentro dos limites da ética, respeitando os direitos dos cidadãos e a missão da corporação.

Além do mais, o desenvolvimento da adaptabilidade pode ser visto como uma forma de preparar o policial para lidar com a crescente complexidade do crime. Os criminosos, assim como os policiais, também se adaptam às novas realidades. Eles inovam e desenvolvem novas estratégias para evadir a detecção e a prisão. Logo, a polícia deve estar em constante adaptação para responder a essas novas ameaças. A tecnologia, por exemplo, tem mudado radicalmente a forma como o crime é cometido, e o policial que não se adapta às novas ferramentas e métodos de combate ao crime corre o risco de ficar atrás da evolução do próprio cenário criminal.

Enfim, podemos afirmar que a adaptabilidade é a chave para o sucesso e a longevidade de um policial na sua carreira. É ela que permite que o profissional se mantenha relevante em um campo em constante evolução, garantindo que ele esteja sempre pronto para enfrentar novos desafios com competência e confiança. Mais do que um simples atributo, a adaptabilidade é uma filosofia de vida dentro da profissão policial – uma filosofia que exige uma postura ativa de aprendizado, uma constante reflexão sobre as melhores práticas e um compromisso firme com a melhoria contínua. Em um ambiente repleto de incertezas e mudanças, é a capacidade de adaptação que, ao final, distingue o policial que se destaca, que se mantém resiliente diante das adversidades e que é capaz de contribuir para a construção de uma sociedade mais segura, justa e equilibrada.

CONHECIMENTO DAS LEIS

O conhecimento das leis é uma das bases fundamentais sobre as quais repousa a atuação de um bom policial. Para que um policial possa exercer sua função de maneira eficaz, justa e responsável, é imprescindível que ele tenha uma compreensão profunda e contínua das leis que regem a sociedade. As leis não são apenas normas jurídicas, mas sim as diretrizes que orientam o comportamento humano, delimitam os direitos e deveres dos cidadãos e fornecem os parâmetros para a manutenção da ordem pública. Para o policial, entender essas leis vai além de simples conformidade com a legislação; trata-se de um compromisso com a justiça, a ética e a integridade, pilares sobre os quais sua atuação se sustenta.

No contexto da função policial, o conhecimento das leis implica, primeiramente, em saber reconhecer o limite entre o que é legal e o que é ilegal, o que é permitido e o que é proibido. O policial, como guardião da ordem pública, não pode atuar de maneira arbitrária ou despótica, mas deve, sim, agir dentro dos limites estabelecidos pela legislação. Ao ter um conhecimento abrangente e preciso das leis, o policial torna-se capaz de discernir com clareza entre situações legítimas de intervenção e aquelas que não justificam o uso de força ou autoridade. Esse discernimento é fundamental para garantir que o policial aja com justiça, sem cometer excessos ou abusos de poder, o que poderia prejudicar sua própria imagem e a confiança da sociedade na instituição que representa.

A familiaridade com o Código Penal, o Código de Processo Penal, a Constituição Federal e as legislações complementares é indispensável para que o policial atue dentro da legalidade. Entretanto, o conhecimento das leis não se limita ao domínio dos dispositivos legais mais amplamente conhecidos. O policial deve também ser capaz de compreender os princípios e os valores que permeiam a legislação, de modo que suas ações reflitam não apenas o cumprimento das normas, mas também a busca pela justiça e pela equidade. Em muitas situações, a interpretação das leis pode ser complexa, e o policial deve ser capaz de avaliar e agir com sensatez, considerando o contexto e os direitos dos envolvidos.

Um bom policial sabe que o conhecimento das leis é uma ferramenta poderosa, mas que precisa ser usada com discernimento. Com a evolução da sociedade, surgem novas legislações, normas e interpretações jurídicas. O cenário jurídico é dinâmico, e, portanto, o policial deve manter-se atualizado quanto às mudanças legislativas e decisões judiciais que impactam seu trabalho. O domínio das leis não é algo fixo; ele cobra um compromisso contínuo com o aprendizado, a pesquisa e a formação. Esse esforço de atualização constante permite que o policial, além de atuar com segurança jurídica, consiga prevenir erros que possam resultar em violações de direitos ou em falhas processuais.

Ademais, o conhecimento das leis está intrinsecamente ligado à habilidade de agir de maneira preventiva. O policial que conhece bem a legislação tem a capacidade de identificar situações de risco antes que elas se tornem problemáticas. Seja no trânsito, no enfrentamento ao crime, na mediação de conflitos ou na abordagem a indivíduos suspeitos, a aplicação correta das leis, fundamentada no conhecimento profundo do sistema legal, permite ao policial antecipar problemas, orientar cidadãos e tomar decisões rápidas e adequadas que contribuam para a resolução pacífica de situações. Com isso, o policial torna-se não apenas um executor da lei, mas também um educador, orientando os cidadãos sobre seus direitos e deveres, promovendo uma cultura de respeito à legalidade.

O conhecimento das leis, no entanto, vai além de sua aplicação no campo da segurança pública. Aquele que se compromete a entender a legislação deve também ser capaz de transmitir esse conhecimento a outros membros da instituição, assim como à sociedade. Isso implica que o policial não deve ser apenas um executor passivo das normas, mas também um promotor da conscientização jurídica dentro da comunidade. Ele deve ser capaz de educar e informar, quando necessário, explicando os direitos dos cidadãos e esclarecendo dúvidas relacionadas às leis, de forma clara, objetiva e acessível.

Por outro lado, um dos maiores desafios de um policial é a constante necessidade de equilibrar o cumprimento das leis com a sensibilidade humana. Embora a lei seja clara em muitos aspectos, a aplicação prática da legislação nem sempre é simples. Existem situações em que a letra da lei deve ser interpretada com cautela, levando em consideração não apenas os aspectos técnicos, mas também os valores humanos, sociais e culturais que a legislação visa proteger. Nesse ponto, o conhecimento das leis vai além do domínio das normas; envolve também uma compreensão profunda dos objetivos da legislação, que é garantir direitos, promover a paz social e proteger a dignidade humana. O policial, assim, deve ser capaz de atuar com uma visão holística, utilizando o conhecimento jurídico de maneira equilibrada e respeitosa, sempre com a consciência de que, por trás das leis, existem seres humanos com suas histórias e suas necessidades.

Além disso, um policial que conhece as leis é também um exemplo de responsabilidade e compromisso com a ética profissional. O bom conhecimento jurídico é uma demonstração de respeito pela função pública que o policial exerce. Quando o policial age com base em um entendimento sólido e bem fundamentado das leis, ele reforça a confiança que a sociedade deposita nele e na instituição policial. Ao contrário, a ignorância ou o desrespeito às leis não apenas prejudica a eficácia do trabalho policial, mas também compromete a imagem da instituição, gerando desconfiança e distanciamento entre a polícia e a comunidade. A confiança pública é um dos maiores ativos de uma força policial, e ela é construída a partir da atuação transparente, responsável e dentro dos limites da legalidade.

Em momentos de grande pressão, como em abordagens de risco, operações de combate ao crime ou situações de emergência, o conhecimento das leis permite ao policial agir com firmeza, mas também com prudência. O policial que domina a legislação está apto a reconhecer rapidamente quando uma situação exige a aplicação de uma força proporcional ou quando deve adotar medidas alternativas, como a mediação de conflitos ou a busca por soluções não violentas. O respeito pela legalidade e pelos direitos humanos deve ser sempre o norte da ação policial, garantindo que, em todas as circunstâncias, a intervenção seja legítima, justificada e proporcional ao fato.

O conhecimento das leis também reflete na capacidade do policial de lidar com a diversidade e complexidade do crime. A legislação está em constante atualização para enfrentar novos tipos de infrações, como crimes cibernéticos, crimes ambientais, entre outros. A atuação policial deve, portanto, estar em sintonia com as transformações da legislação, que acompanham a evolução da sociedade. O policial que está bem informado sobre as novas tipificações penais, sobre as inovações legislativas e sobre as mudanças no campo da jurisprudência será mais eficaz em suas abordagens e intervenções, agindo de forma proativa no combate ao crime e na prevenção de infrações.

Por fim, é válido ressaltar que o conhecimento das leis não é um atributo exclusivo do policial em serviço. Ele deve ser entendido como um valor fundamental em toda a carreira policial, refletindo o compromisso do profissional com a legalidade e com o Estado de Direito. A formação contínua, o estudo constante e a atualização das legislações são aspectos que devem estar presentes ao longo de toda a trajetória do policial. Aquele que conhece bem as leis, que compreende os direitos e deveres que elas impõem, torna-se não apenas um executor da justiça, mas também um defensor da cidadania e da ordem pública, capaz de atuar de forma justa, equilibrada e eficaz em todos os momentos.

Em suma, o conhecimento das leis não é apenas uma habilidade técnica, mas um princípio vital para a realização do trabalho policial com excelência. Ele é o alicerce que garante que o policial, em sua atuação diária, seja sempre um agente de justiça, respeito e equidade.

COMPROMISSO COM A JUSTIÇA

O compromisso com a justiça é, certamente, uma das colunas mais sólidas sobre a qual repousa a atuação de um bom policial. Não se trata apenas de cumprir as normas e regulamentos, mas de se engajar de forma genuína e constante na defesa dos princípios que regem a convivência humana em sociedade. A justiça, em seu sentido mais amplo, transcende o simples ato de aplicar a lei; ela envolve um compromisso profundo com a equidade, a imparcialidade, o respeito aos direitos humanos e a promoção de uma sociedade mais justa para todos. No contexto da atuação policial, ser comprometido com a justiça significa, antes de tudo, entender que o papel do policial vai muito além de ser um mero executor de ordens ou um agente da repressão; trata-se de ser um defensor da verdade, um garantidor dos direitos de todos os cidadãos e um exemplo de ética, transparência e responsabilidade.

O compromisso com a justiça começa com a compreensão de que a aplicação da lei deve ser feita de forma equânime, respeitando a todos, sem distinção de classe social, etnia, gênero ou qualquer outra característica pessoal. A função do policial não é decidir, de modo arbitrário, quem merece ser punido ou quem deve ser poupado; seu papel é atuar de maneira imparcial, assegurando que os direitos de cada indivíduo sejam respeitados dentro dos limites da lei. Essa imparcialidade, fundamental para a justiça, exige que o policial tenha uma profunda consciência de seu papel na sociedade, entendendo que sua ação deve ser guiada pela ética, equidade e busca incessante pela verdade.

Ser comprometido com a justiça também abarca uma postura de constante autocontrole e reflexão. O policial, diante da pressão constante e das situações de risco a que está exposto, deve ser capaz de controlar suas emoções e de agir com discernimento, sempre fundamentando suas decisões no respeito à dignidade humana e na defesa dos direitos fundamentais. O exercício diário dessa responsabilidade exige não apenas uma formação técnica e profissional, mas também uma formação moral e ética, que permita ao policial agir com coragem, mas também com humanidade. A justiça não se resume ao cumprimento rigoroso das normas, mas à capacidade de fazer valer os direitos de todos, sem exceções, e de agir sempre com sensatez, mesmo nas situações mais difíceis. Um bom policial, comprometido com a justiça, deve, portanto, ser capaz de discernir entre a letra da lei e o espírito da lei. A lei é um instrumento importante para garantir a ordem e a convivência social, mas, em muitos casos, sua aplicação isolada pode gerar situações de injustiça. Por exemplo, o simples cumprimento da lei em uma abordagem policial pode, em determinadas circunstâncias, ser visto como um ato de violência ou discriminação, se não for feito com a devida sensibilidade. Nesse sentido, o policial deve ser capaz de interpretar a situação de forma ampla, considerando as particularidades de cada contexto e buscando sempre a solução mais justa e equilibrada. Isso significa que a aplicação da lei deve ser sempre acompanhada de uma reflexão ética, que leve em conta não apenas os aspectos legais, mas também os humanos.

A procura pela justiça também envolve a capacidade de agir de forma transparente, sem esconder ou distorcer informações. A transparência é um princípio fundamental para a construção da confiança pública, que é essencial para a eficácia do trabalho policial. Quando o policial age de modo transparente, ele não apenas fortalece a credibilidade da instituição à qual pertence, mas também promove a justiça de maneira concreta, permitindo que todos os envolvidos no processo tenham acesso à informação necessária para compreender as decisões tomadas. A transparência no trabalho policial, portanto, não é apenas uma questão de praticidade, mas uma questão ética, que visa garantir que a atuação policial seja compreendida e aceita pela sociedade como legítima e justa.

Outro aspecto fundamental do compromisso com a justiça é o reconhecimento de que a justiça social é uma dimensão primordial da justiça como um todo. A justiça não pode ser apenas uma abstração, limitada ao campo do direito; ela deve ser entendida como um princípio que busca corrigir as desigualdades e promover uma sociedade mais equilibrada e justa. O policial, ao se deparar com situações de violência ou desigualdade social, deve ser consciente do seu papel na promoção de uma justiça que vá além da repressão do crime, mas que também busque mitigar as causas sociais que o geram. A desigualdade social, o racismo, a pobreza e a exclusão são fatores que contribuem significativamente para o aumento da criminalidade, e o policial, ao ser comprometido com a justiça, deve agir também de forma preventiva, buscando maneiras de combater essas injustiças estruturais.

Essa visão de justiça também cobra do policial uma postura crítica em relação ao sistema em que está inserido. A atuação policial não pode ser vista como algo isolado ou alheio à dinâmica social. Ao contrário, o bom policial deve ser capaz de questionar as estruturas que sustentam as desigualdades e, dentro de sua esfera de atuação, trabalhar para que essas desigualdades sejam combatidas. Isso implica, por exemplo, em evitar práticas discriminatórias, em atuar contra a violência policial e em garantir que a aplicação da lei seja feita de forma justa, sem o uso excessivo da força ou a violação dos direitos fundamentais dos cidadãos.

O comprometimento com a justiça também está relacionado à busca pela verdade, especialmente no contexto das investigações policiais. O policial, ao investigar um crime, deve ser capaz de separar os fatos da ficção, buscar a verdade sem se deixar influenciar por suposições ou estigmas. Isso leva a uma investigação cuidadosa, fundamentada em evidências e em uma escuta ativa de todas as partes envolvidas. A verdade, nesse contexto, é um valor que vai além da mera resolução do caso; ela é a base para garantir que a justiça seja feita, para que as vítimas possam ser reparadas e para que os culpados sejam responsabilizados de maneira adequada. A busca pela verdade exige paciência, diligência e, acima de tudo, imparcialidade, pois é por meio da verdade que se pode fazer justiça de modo legítimo.

O compromisso com a justiça também deve ser refletido no exemplo que o policial representa para a sociedade. Sua postura ética e responsável, sua dedicação ao serviço público e seu compromisso com os valores da justiça tornam-se uma inspiração para aqueles que o observam. O policial não é apenas um executor da lei, mas um modelo de virtude cívica. Sua vida pessoal e profissional devem estar alinhadas aos princípios da justiça, e seu comportamento deve refletir um compromisso constante com a ética e com os direitos humanos. O exemplo do policial, assim, tem um impacto profundo na construção de uma cultura de justiça e respeito à lei, não só dentro da instituição policial, mas também na sociedade como um todo.

Ser comprometido com a justiça, portanto, não é apenas uma característica de um bom policial, mas a razão de sua existência como agente público. Sem esse compromisso, a atuação policial se torna um exercício de autoridade sem fundamento ético, sem propósito maior e sem a legitimidade necessária para garantir que a sociedade seja protegida de forma justa e equitativa. A verdadeira justiça, no contexto policial, não é uma abstração distante ou um conceito formal; ela é a prática diária do policial, que, com imparcialidade, transparência e respeito aos direitos humanos, busca construir um ambiente mais seguro, mais justo e mais humano para todos.

ATENÇÃO À SEGURANÇA

A atenção à segurança é uma das qualidades essenciais para a atuação de um bom policial. Em um mundo cada vez mais dinâmico e marcado por desafios sociais complexos, a segurança não pode ser encarada apenas como a preservação da ordem pública, mas como uma responsabilidade abrangente que exige vigilância constante, planejamento estratégico e uma postura proativa. A segurança é um dos pilares sobre os quais se constrói a confiança entre a polícia e a sociedade, sendo fundamental para o bem-estar coletivo. No entanto, para ser eficaz, a atenção à segurança não deve se restringir à observação passiva ou à repressão de infrações penais, mas envolver uma análise contínua, uma comunicação eficiente e uma atuação integrada com outros setores da sociedade.

O bom policial é aquele que entende que a segurança não é uma tarefa isolada, mas uma missão compartilhada com a comunidade, com outras instituições públicas e com diversos setores da sociedade. A segurança não se resume a combater o crime, mas a prevenir situações de risco, garantindo que as pessoas possam viver e interagir em um ambiente seguro e harmonioso. Nesse sentido, a atenção à segurança implica um entendimento profundo dos desafios locais, das características do espaço urbano e das necessidades das pessoas. O policial que dedica atenção à segurança procura antecipar-se aos problemas, monitorando de perto situações que possam escalar para cenários de risco, e sempre buscando formas de intervir de maneira preventiva, antes que a situação se agrave.

Um aspecto fundamental da atenção à segurança é a vigilância constante, que exige uma capacidade aguçada de observar e interpretar o que acontece ao redor. Um bom policial deve ser capaz de identificar sinais e padrões que possam indicar a presença de atividades ilícitas ou situações de perigo iminente. Isso exige uma combinação de experiência, formação técnica e, muitas vezes, um olhar atento aos detalhes que poderiam passar despercebidos. A vigilância, porém, não se limita a aspectos visíveis, como o comportamento de indivíduos ou a movimentação em determinadas áreas; ela também envolve uma análise mais profunda das dinâmicas sociais, dos contextos em que as atividades ilícitas podem ocorrer e das interações entre diferentes grupos sociais. O policial atento à segurança é aquele que consegue ler a realidade de forma holística, compreendendo os sinais, tanto óbvios quanto sutis, que indicam um risco potencial.

Ademais, a atenção à segurança exige uma postura preventiva, um compromisso de antecipar-se aos eventos e agir antes que eles aconteçam. Essa é uma característica vital para a atuação policial moderna, que não pode mais se limitar à repressão de delitos consumados. A segurança deve ser pensada de modo proativo, buscando identificar vulnerabilidades no tecido social e agir sobre elas. Um bom policial, consciente desse papel, se engaja em estratégias de prevenção que vão desde ações educativas, como o trabalho em escolas e centros comunitários, até a criação de parcerias com outros órgãos públicos e organizações da sociedade civil. A prevenção, nesse contexto, não é apenas uma medida de segurança, mas uma filosofia de trabalho, uma atitude contínua que permeia todas as ações policiais.

A atenção à segurança também envolve uma forte conexão com a comunidade. Em vez de agir isoladamente ou de forma autoritária, o policial deve ser capaz de construir laços de confiança com os cidadãos, incentivando a participação ativa da população na construção de um ambiente mais seguro. A segurança não pode ser vista como uma responsabilidade exclusiva da polícia; ela é um bem coletivo que depende da colaboração de todos. O policial atento à segurança sabe que o sucesso na prevenção de crimes e na manutenção da ordem pública depende de uma comunicação eficiente com a comunidade, da construção de confiança e do incentivo à cooperação entre todos os membros da sociedade. Ao ouvir as preocupações dos cidadãos e trabalhar com eles para encontrar soluções, o policial reforça o compromisso mútuo pela segurança e cria um ciclo virtuoso de participação e proteção.

A capacidade de trabalhar em equipe também é um aspecto essencial da atenção à segurança. O policial não deve atuar de maneira isolada, mas deve ser parte de uma rede de profissionais que inclui outros agentes de segurança, como bombeiros, agentes de trânsito e profissionais da saúde, além de colaboradores da sociedade civil e da administração pública. A segurança é uma questão multifacetada que exige uma abordagem integrada, na qual diferentes áreas do conhecimento e diferentes setores da sociedade se unem para proteger o bem-estar coletivo. O policial que está atento à segurança sabe que o trabalho conjunto é mais eficaz do que a atuação individual, e que a cooperação entre as várias partes envolvidas é imprescindível para o sucesso de qualquer estratégia de segurança.

No campo operacional, a atenção à segurança também se traduz em uma postura vigilante e estratégica em face das diversas situações que podem surgir. O policial deve estar sempre preparado para lidar com situações de perigo, como abordagens a indivíduos armados, o controle de multidões ou a gestão de eventos potencialmente perigosos. Para isso, é necessário ter um treinamento adequado, que permita tomar decisões rápidas e precisas, sem perder de vista o compromisso com a segurança de todos os envolvidos, incluindo os cidadãos e os próprios policiais. A preparação constante, a capacitação técnica e o aprimoramento contínuo das habilidades operacionais são fundamentais para que o policial tenha a competência necessária para lidar com os desafios do dia a dia.

A utilização de tecnologia também desempenha um papel crucial na atenção à segurança. Em um mundo cada vez mais digitalizado, as ferramentas tecnológicas oferecem um vasto leque de recursos que podem ajudar na prevenção e no combate ao crime. O monitoramento por câmeras de segurança, o uso de softwares de análise de dados e a integração com outras plataformas tecnológicas podem fornecer informações determinantes para o planejamento de ações de segurança. No entanto, o uso de tecnologia deve ser feito com responsabilidade e respeito à privacidade dos cidadãos, garantindo que a segurança seja alcançada sem comprometer direitos fundamentais. O policial deve estar capacitado para utilizar essas ferramentas de forma ética, eficiente e estratégica, complementando a atuação física e humana com recursos tecnológicos que ampliem sua capacidade de prevenção e resposta.

O bom policial, atento à segurança, também precisa ser capaz de analisar os riscos e tomar decisões com base em uma avaliação criteriosa da situação. Em muitos casos, ele se verá diante de cenários de alta complexidade, em que as decisões devem ser tomadas rapidamente e com base em informações incompletas. A habilidade de pensar sob pressão, de analisar diferentes possibilidades e de escolher a melhor ação, dentro dos limites da lei e do respeito aos direitos humanos, é um atributo essencial para garantir a segurança de todos. Em situações de risco, a calma, a racionalidade e a prudência do policial fazem toda a diferença, sendo fundamentais para evitar agravamentos e para garantir que as ações de segurança sejam eficazes, mas também proporcionais e justas.

Além do mais, a atenção à segurança está diretamente ligada ao compromisso com a vida humana. O policial deve sempre agir de forma a preservar a vida, agindo com discernimento, usando a força apenas quando absolutamente necessário e adotando medidas que minimizem o impacto de suas ações. A proteção da vida é um valor supremo que deve nortear todas as operações e decisões, e a atenção à segurança não pode jamais ser entendida como uma autorização para o uso excessivo ou desproporcional da força. A responsabilidade que recai sobre o policial é grande, e a atenção à segurança resulta, antes de tudo, em um compromisso com o bem-estar físico e psicológico de todos os envolvidos, buscando minimizar os danos sempre que possível.

Em suma, a atenção à segurança é uma marca de um bom policial. Ela envolve uma vigilância constante, a capacidade de antecipar riscos, o compromisso com a prevenção e a construção de laços de confiança com a comunidade. Significa estar preparado para agir com eficácia em situações de risco, trabalhar em equipe com outros profissionais e utilizar as tecnologias disponíveis de forma ética e estratégica. Acima de tudo, a atenção à segurança reflete uma postura proativa, que não se limita a reagir a eventos, mas que procura continuamente criar condições para uma sociedade mais segura, mais justa e mais equilibrada. Para o policial, estar atento à segurança é, portanto, não apenas cumprir um dever, mas assumir uma missão de compromisso com o bem-estar de todos.

PROATIVIDADE

A proatividade é um dos atributos mais distintivos que um bom policial pode possuir. Em um mundo marcado por constantes mudanças e desafios complexos, o policial que se destaca é aquele que não espera passivamente que os problemas surjam, mas sim aquele que antecipa as necessidades da comunidade e da sua instituição, buscando sempre agir antes que a situação se agrave. A proatividade é, portanto, um pilar fundamental da eficácia policial, refletindo não apenas a capacidade de reação, mas também a habilidade de prever, planejar e tomar a dianteira nas ações necessárias para garantir a segurança e o bem-estar da sociedade.

Ser proativo no contexto policial significa estar constantemente atento às dinâmicas que envolvem a comunidade e o ambiente urbano. O policial não deve esperar que a criminalidade se intensifique ou que os conflitos se agravem para agir; ele deve ser capaz de identificar sinais sutis de risco e tomar as medidas necessárias para preveni-los. Isso exige uma compreensão profunda da realidade local, do comportamento das pessoas e dos padrões de ocorrência de crimes. Um policial proativo, portanto, não age de forma reativa, apenas respondendo a eventos já consumados; ele investe tempo e esforço na prevenção, buscando identificar potenciais problemas e resolvê-los antes que eles escalem.

A proatividade, nesse sentido, acarreta uma mudança de mentalidade, de um modelo policial passivo para um modelo mais dinâmico e participativo. O policial proativo deve ser aquele que não se limita a cumprir suas funções de maneira mecânica, mas que está sempre em busca de soluções criativas e eficientes para os problemas que surgem. A sua postura deve ser de constante vigilância, de monitoramento das situações de risco e, acima de tudo, de intervenção antecipada. Isso envolve, muitas vezes, uma capacidade de tomar decisões difíceis em momentos de pressão, com coragem e discernimento, sem aguardar que a situação se torne incontrolável.

Uma das formas mais claras de manifestação da proatividade policial é a sua atuação em atividades preventivas. O policial proativo entende que a segurança pública não se restringe à repressão de crimes, mas sim ao trabalho contínuo de prevenção, criando um ambiente seguro e minimizando as chances de que situações perigosas ocorram. Ele participa ativamente de programas educativos nas escolas, de iniciativas de conscientização nas comunidades e de operações de patrulhamento que visam dissuadir a prática de delitos. O policial proativo também deve estar sempre atento às áreas que apresentam maior vulnerabilidade, seja devido a problemas sociais como a pobreza ou a falta de oportunidades, ou devido a questões relacionadas à estrutura urbana, como iluminação pública insuficiente ou falta de segurança em determinados pontos da cidade.

A proatividade também exige uma constante procura por aperfeiçoamento, o que significa que o policial deve se engajar em treinamentos contínuos, estudando novas técnicas, ferramentas e abordagens para lidar com as questões de segurança pública. A constante atualização dos conhecimentos não só melhora o desempenho das atividades cotidianas, como também permite ao policial antecipar desafios e reagir de maneira mais eficaz a situações inesperadas. Essa dedicação ao aprendizado contínuo é um reflexo direto da proatividade, pois um policial que se empenha em se manter atualizado está, de fato, se preparando para lidar de maneira eficiente com os desafios que surgem, tornando-se mais apto a agir com rapidez e competência.

A comunicação também desempenha um papel fundamental na proatividade policial. Ser proativo não significa agir sozinho ou de maneira isolada, mas estar disposto a trabalhar de forma colaborativa com outras entidades, órgãos públicos, organizações não governamentais e com a própria comunidade. O policial proativo busca sempre manter um diálogo aberto e constante, seja com seus colegas de profissão, com a população ou com outros profissionais que trabalham em conjunto para garantir a segurança.

Ele sabe que a troca de informações e a colaboração mútua são essenciais para que as ações de prevenção e intervenção sejam bem-sucedidas. Além disso, um bom policial proativo sabe ouvir as preocupações dos cidadãos, compreendendo as necessidades da comunidade e identificando áreas onde a intervenção seja necessária antes que os problemas se tornem mais graves.

A capacidade de tomar a dianteira nas ações de segurança pública é outra característica elementar da proatividade. Um policial proativo não espera ser comandado em todas as situações, mas sabe identificar quando é necessário agir de forma independente, com responsabilidade e autonomia. Ele toma decisões rápidas e bem-informadas, com base no conhecimento que tem do local, da situação e dos recursos disponíveis. Esse comportamento não significa, no entanto, que o policial se coloque em risco desnecessariamente ou que ignore a importância de trabalhar em equipe. Ao contrário, a proatividade suscita uma avaliação constante do que precisa ser feito e a capacidade de identificar os momentos em que é preciso agir sem hesitação, assumindo a liderança quando necessário para garantir a segurança pública.

Outro aspecto relevante da proatividade policial é a sua capacidade de lidar com situações de crise. O bom policial não se limita a reagir às emergências, mas antecipa possíveis desdobramentos e está preparado para atuar de forma eficiente quando situações de alta tensão surgem. Em uma abordagem de crise, a calma e a capacidade de pensar claramente são fundamentais, e o policial proativo é capaz de manter o controle da situação, assegurando que os protocolos sejam seguidos e que as vítimas recebam o atendimento adequado. Essa capacidade de agir com precisão e controle, mesmo sob pressão, é uma das marcas mais distintivas da proatividade policial, que não se deixa abalar facilmente, mas permanece focada na resolução do problema.

A proatividade também se reflete na capacidade de um policial identificar e corrigir problemas dentro da própria instituição. Ele deve ser sensível às falhas que possam existir no sistema e buscar soluções para aprimorar o funcionamento da equipe, melhorar a comunicação interna e garantir que os recursos sejam utilizados de maneira eficiente. O policial proativo não espera que as mudanças venham de fora; ele é parte ativa do processo de transformação e melhoria contínua. Quando identifica algo que pode ser melhorado, ele não hesita em procurar alternativas, sugerir inovações ou tomar medidas corretivas para garantir que o trabalho da polícia seja sempre o mais eficaz possível.

Em muitas situações, o policial proativo também se torna um agente de transformação social, especialmente em comunidades com alto índice de criminalidade. Ele está ciente de que, para promover a segurança de forma efetiva, é preciso combater não apenas o crime em si, mas também suas causas subjacentes, como a desigualdade social, a falta de oportunidades e o acesso restrito à educação e aos serviços de saúde. Por meio de iniciativas comunitárias e de programas de prevenção, o policial proativo pode ajudar a construir um ambiente mais seguro e menos vulnerável à criminalidade. Ele trabalha para criar um relacionamento de confiança com os cidadãos, incentivando a colaboração mútua e promovendo o engajamento da comunidade na busca por soluções para os problemas locais.

Ser proativo, no entanto, não significa agir de forma impulsiva ou sem considerar as consequências de suas ações. A proatividade exige reflexão, análise crítica e planejamento. O policial proativo sabe que suas ações têm impacto direto sobre a vida das pessoas e, por isso, deve sempre avaliar os riscos envolvidos antes de agir. Ele também entende que a tomada de decisões rápidas não deve prejudicar a precisão e a qualidade das suas ações. Em última instância, a proatividade envolve a busca por soluções eficazes e equilibradas, que garantam não apenas a segurança, mas também o respeito aos direitos humanos e a preservação da ordem pública de forma justa e equitativa.

A proatividade é, portanto, a capacidade de antecipar, prevenir e agir de forma eficiente e responsável, sempre em busca de soluções para os desafios da segurança pública. Um policial proativo é aquele que não espera que os problemas aconteçam, mas se antecipa a eles, tomando as rédeas da situação e agindo com discernimento, ética e colaboração. Ele não se limita a uma atuação reativa, mas se empenha continuamente para melhorar o ambiente de segurança, prevenir o crime e promover uma cultura de justiça, respeito e confiança. Por derradeiro, a proatividade é uma qualidade que transforma a polícia de uma instituição que simplesmente reage a eventos em uma força capaz de moldar positivamente o futuro da sociedade, garantindo que todos possam viver com mais segurança e dignidade.

SENSO DE EQUIPE

O senso de equipe é uma das características mais indispensáveis e, ao mesmo tempo, mais valiosas que um bom policial pode possuir. Em um cenário onde as demandas por segurança pública são cada vez mais complexas, o trabalho isolado de um único policial dificilmente será suficiente para atender aos desafios que surgem. O policial, por mais capacitado e bem-intencionado que seja, não opera sozinho, e é em conjunto com outros membros da corporação, com diferentes especialidades e habilidades, que ele consegue atingir seus objetivos de maneira eficaz. O senso de equipe é, portanto, um fator decisivo para o sucesso nas operações policiais, sendo a base para um trabalho colaborativo que maximiza os resultados e fortalece a confiança dentro da corporação e na sociedade.

No contexto da segurança pública, o trabalho em equipe vai além de uma simples colaboração entre indivíduos com funções distintas. Ele envolve uma integração harmoniosa, onde a atuação de cada policial se alinha com os objetivos coletivos, criando um ambiente no qual todos se apoiam mutuamente e estão dispostos a contribuir para o sucesso da missão. O senso de equipe, então, não é apenas um reflexo de habilidades técnicas ou operacionais, mas uma questão de atitude, de confiança mútua e de respeito pelas habilidades e competências dos colegas. O policial com um bom senso de equipe é aquele que reconhece que, para que a missão seja cumprida com eficácia, é fundamental que todos trabalhem juntos, compartilhando responsabilidades e experiências de maneira construtiva e colaborativa.

A importância do senso de equipe na atuação policial se reflete principalmente na dinâmica das operações de campo. Em situações de alto risco, como abordagens a criminosos armados, intervenções em áreas de conflito ou controle de grandes multidões, a coordenação e a comunicação entre os membros da equipe são determinantes para o sucesso da ação e para a segurança de todos os envolvidos. Em momentos como esses, um erro de coordenação pode resultar em falhas graves, prejudicando tanto a operação quanto a integridade dos policiais e da comunidade. O policial que tem um forte senso de equipe é aquele que compreende a importância de cada membro da corporação e de sua função, e age de forma a garantir que todos estejam alinhados com o objetivo comum, sempre em busca de uma atuação eficiente, segura e bem-sucedida.

Esse alinhamento é possível quando existe uma cultura de respeito e colaboração, em que cada policial entende que suas competências individuais são valiosas, mas que só alcançam seu pleno potencial quando trabalhadas em conjunto com os outros membros da equipe. A diversidade de habilidades e experiências dentro de uma equipe policial pode ser um grande diferencial, já que ela permite que diferentes perspectivas sejam levadas em conta nas decisões e estratégias adotadas. Um policial com um bom senso de equipe sabe que ele não precisa e nem deve fazer tudo sozinho, mas que pode contar com o apoio de colegas que possuem habilidades complementares às suas. Essa interdependência cria uma rede de apoio, de confiança e de aprendizado mútuo, que fortalece o desempenho da equipe como um todo e permite que o grupo atenda aos desafios da segurança pública de modo mais eficiente.

Além da importância prática do senso de equipe durante operações e intervenções, ele também é crucial para a construção de uma atmosfera de confiança dentro da corporação. A confiança mútua é a base de qualquer equipe de sucesso, e no contexto policial isso é ainda mais relevante, pois os membros da corporação precisam confiar uns nos outros não apenas em termos de competência, mas também em termos de compromisso com a ética, a integridade e os objetivos da missão. Quando um policial tem confiança em seu colega de equipe, ele sabe que pode contar com ele em momentos de pressão, seja em uma situação de risco iminente, seja na execução de tarefas mais complexas. A confiança dentro de uma equipe policial é, portanto, um elemento essencial para garantir que todos os policiais ajam de maneira coesa, eficiente e comprometida com o sucesso da missão.

Por outro lado, o senso de equipe também contribui para o bem-estar psicológico e emocional dos policiais. A pressão de lidar com situações de risco, o estresse provocado pela rotina intensa e os dilemas éticos que frequentemente surgem podem gerar impactos significativos no estado emocional de um policial. Nesse contexto, o apoio e a solidariedade dentro da equipe são fundamentais. Um policial que se sente parte de uma equipe coesa e que sabe que pode contar com seus colegas em momentos difíceis tem maiores chances de lidar com o estresse de forma saudável, mantendo-se motivado e focado. O sentido de pertencimento que surge ao se integrar a uma equipe sólida e unida pode ser um fator importante para a prevenção de problemas emocionais e para a manutenção da saúde mental dos policiais.

O senso de equipe também se reflete na habilidade de trabalhar sob pressão e de lidar com situações imprevistas, que são comuns no dia a dia de um policial. Durante operações que envolvem grande complexidade ou perigo, a comunicação eficiente entre os membros da equipe torna-se vital para a tomada de decisões rápidas e acertadas. Cada membro da equipe tem uma função específica, e a sinergia entre essas funções é que garante o sucesso da operação. O policial com um bom senso de equipe entende que ele não é o único responsável pelo resultado, mas que o êxito ou fracasso depende de como ele, junto com seus colegas, vai se comportar como um todo. Nesses momentos de grande tensão, o apoio mútuo, a troca constante de informações e a disposição para colaborar são fundamentais para o bom andamento das atividades e para a minimização de riscos.

Outro ponto essencial é a importância da liderança dentro do contexto do senso de equipe. Liderar uma equipe policial não significa apenas dar ordens ou tomar decisões unilaterais. A liderança no ambiente policial deve ser construída com base na capacidade de inspirar confiança, de ouvir os membros da equipe e de reconhecer suas competências. O líder de uma equipe policial com bom senso de equipe é aquele que sabe coordenar, motivar e apoiar seus colegas, sempre buscando fomentar a colaboração e o trabalho conjunto. Ele compreende que seu papel vai além da execução de tarefas, sendo fundamental para a criação de um ambiente de respeito e confiança, onde todos os membros da equipe possam contribuir com suas habilidades e talentos para o sucesso da missão. A liderança eficaz também inclui o reconhecimento do trabalho dos demais membros da equipe, destacando as contribuições individuais e garantindo que todos se sintam valorizados e parte integrante do processo.

A importância do senso de equipe se estende também ao relacionamento com a comunidade. Quando a polícia atua de maneira coesa e integrada, ela transmite uma imagem de unidade e de compromisso com a segurança pública. A confiança da comunidade na polícia é fortalecida quando os cidadãos percebem que a corporação trabalha de forma integrada, em harmonia e com um objetivo comum de promover a segurança e o bem-estar social. O senso de equipe dentro da polícia, portanto, tem um reflexo direto na relação com a sociedade, criando uma imagem de força coletiva e de competência que transmite confiança e respeito à comunidade.

Em resumo, o senso de equipe é uma característica primordial para ser um bom policial, pois garante que a corporação funcione de maneira eficiente, segura e harmônica, mesmo nas situações mais desafiadoras. Ele é a base da confiança, da colaboração e da solidariedade entre os membros da corporação, e reflete-se na capacidade de trabalhar com eficiência sob pressão, de apoiar emocionalmente os colegas e de promover um ambiente de respeito mútuo. O policial que valoriza o senso de equipe é aquele que entende que, juntos, como uma unidade coesa, é possível enfrentar os desafios da segurança pública de maneira mais eficaz, garantindo a proteção da sociedade e o cumprimento da justiça.

HABILIDADES DE LIDERANÇA

As habilidades de liderança são um dos atributos mais importantes e complexos para o desempenho eficaz de um bom policial. A liderança, no contexto policial, vai muito além de simplesmente comandar uma equipe ou uma operação. Trata-se de um conjunto de competências que permite a um policial influenciar e orientar seus colegas, gerenciar crises, inspirar confiança e garantir que a missão seja cumprida com êxito. A capacidade de liderança dentro da polícia envolve a habilidade de tomar decisões ponderadas, lidar com situações de alta pressão e, principalmente, exercer um papel motivador, guiando os outros por meio da empatia, da ética e do respeito mútuo.

Em um ambiente dinâmico e, muitas vezes, perigoso como o da segurança pública, as habilidades de liderança são decisivas para o sucesso das operações e para a integridade da equipe. O policial que demonstra competência como líder se destaca pela sua capacidade de tomar a frente quando necessário, com sabedoria, coragem e discernimento. Esse policial é capaz de equilibrar a autoridade com a empatia, o controle com a flexibilidade, a firmeza com a compreensão, criando um ambiente de respeito e cooperação entre os membros da corporação. A liderança eficaz no contexto policial, portanto, não se resume a uma hierarquia de comandos rígidos, mas sim a um processo contínuo de motivação, orientação e capacitação, onde cada membro da equipe é reconhecido como essencial para o sucesso da missão.

Uma das habilidades fundamentais de liderança é a capacidade de tomar decisões rápidas e acertadas, mesmo em situações de extrema pressão. Em operações policiais, os riscos são elevados e os desafios são constantes, exigindo que o líder seja capaz de avaliar rapidamente as informações disponíveis, considerar as possíveis consequências de cada ação e tomar a melhor decisão em tempo hábil. A pressão e a incerteza muitas vezes se tornam um fator de estresse, mas um bom líder policial mantém a calma e a clareza mental, conseguindo avaliar a situação com objetividade. A habilidade de liderança envolve, portanto, uma capacidade notável de resolver problemas de maneira prática e eficaz, tomando decisões que priorizem a segurança, a justiça e o bem-estar de todos os envolvidos.

Além da habilidade de tomar decisões rápidas, um líder policial também deve ser capaz de agir com integridade e ética, mesmo na presença de situações desafiadoras. A liderança no contexto policial exige uma alta moralidade, pois as decisões tomadas têm repercussões significativas na vida das pessoas e na confiança da sociedade nas forças de segurança. O policial que lidera deve ser um exemplo de comportamento ético, demonstrando sempre respeito aos direitos humanos e comprometimento com a justiça. A transparência nas ações, a honestidade nas comunicações e a coerência entre palavras e atitudes são fundamentais para construir e manter a confiança da equipe, da comunidade e da própria instituição policial. Um líder íntegro inspira respeito e confiança, sendo visto como uma referência de caráter e retidão, qualidades indispensáveis para quem ocupa um papel de liderança.

A empatia é outra habilidade essencial de liderança que um bom policial deve cultivar. A liderança não é apenas sobre comandos e ações, mas também sobre a capacidade de entender e se conectar com os outros, sejam eles membros da equipe ou cidadãos. No contexto policial, essa empatia é crucial, pois os líderes frequentemente lidam com situações de vulnerabilidade e estresse, tanto dentro da corporação quanto nas interações com a comunidade. O líder policial deve ser capaz de compreender as emoções, os desafios e as necessidades dos seus colegas, oferecendo o suporte necessário para que eles desempenhem suas funções com eficiência e segurança. Essa compreensão não apenas melhora o ambiente de trabalho, mas também fortalece o moral da equipe e cria um clima de colaboração e confiança.

Por outro lado, um bom líder também sabe quando exercer autoridade e impor disciplina. A liderança eficaz no contexto policial requer um equilíbrio entre firmeza e flexibilidade. A disciplina é fundamental para garantir que as operações sejam realizadas de acordo com os protocolos estabelecidos e que os membros da equipe ajam com responsabilidade e respeito pelas normas. No entanto, a liderança não pode ser autoritária de forma rígida ou insensível às necessidades individuais de cada policial. O líder deve ser capaz de aplicar as regras de modo justo, mas também considerar as circunstâncias e as dificuldades enfrentadas por seus colegas. Esse equilíbrio cria um ambiente onde a equipe se sente segura e respeitada, sabendo que a autoridade é exercida com justiça e responsabilidade.

A comunicação é outra habilidade imprescindível para um líder policial eficaz. A capacidade de se comunicar de maneira clara, objetiva e inspiradora é fundamental, especialmente em situações de alta pressão, onde a precisão e a rapidez na transmissão de informações podem ser determinantes para o sucesso de uma operação. Um líder policial deve ser capaz de transmitir suas expectativas, orientar a equipe e compartilhar informações relevantes de forma eficaz, garantindo que todos estejam alinhados e bem-informados. A comunicação não se limita apenas à transmissão de ordens, mas também à escuta ativa. Um bom líder é aquele que sabe ouvir sua equipe, entender as preocupações e *feedbacks* dos colegas e agir para resolver os problemas de forma colaborativa. Esse tipo de comunicação bidirecional fortalece a coesão da equipe e permite que todos se sintam parte do processo decisório, aumentando o comprometimento e a motivação.

A liderança no contexto policial também exige a habilidade de delegar responsabilidades de modo eficaz. O policial líder sabe que não pode fazer tudo sozinho e que o sucesso de uma missão depende da contribuição de todos. Delegar não significa abdicar de responsabilidades, mas confiar na capacidade dos membros da equipe e dar-lhes as ferramentas e o suporte necessários para desempenharem suas funções com excelência. A liderança envolve a construção de uma equipe competente, onde cada membro tem claro o seu papel e suas responsabilidades, e onde a confiança mútua permite que todos ajam com autonomia, sem perder de vista o objetivo comum. Delegar de forma eficaz também significa reconhecer as forças e fraquezas de cada membro da equipe e distribuir tarefas de acordo com as habilidades e especializações de cada um.

Além do mais, a habilidade de motivar e inspirar os outros é uma das qualidades mais distintivas de um líder policial. O líder não é apenas aquele que comanda, mas aquele que é capaz de inspirar seus colegas, transmitindo entusiasmo e confiança, mesmo diante das adversidades. O ambiente de trabalho policial pode ser desgastante e, por vezes, desafiador, e o líder precisa ser capaz de manter o moral da equipe elevado, encorajando os membros a se superarem e a enfrentarem os obstáculos com determinação. A motivação do líder deve ser contagiante, gerando um ciclo positivo de engajamento e comprometimento. Ele deve ser um exemplo de dedicação e disciplina, influenciando a equipe a seguir seu exemplo e a perseguir os objetivos com empenho e responsabilidade.

Além das competências operacionais, a liderança policial também envolve um compromisso com o desenvolvimento contínuo da equipe. O bom líder deve ser capaz de identificar as necessidades de treinamento e capacitação dos membros da equipe e buscar continuamente formas de aprimorar as habilidades e o desempenho de todos. A liderança é um processo dinâmico que requer constante aprendizado, não apenas no campo técnico, mas também no domínio das relações humanas, da gestão de conflitos e da resolução de problemas complexos. O líder policial que investe no desenvolvimento de sua equipe fortalece a corporação e melhora os resultados a longo prazo, criando um ambiente onde todos têm a oportunidade de crescer e se aperfeiçoar.

Em última análise, as habilidades de liderança no contexto policial são essenciais para o sucesso das operações, para a coesão da equipe e para a manutenção da ordem e da justiça. O policial líder é aquele que sabe tomar decisões estratégicas com discernimento, que age com ética e integridade, que é capaz de comunicar-se eficazmente com sua equipe e que inspira confiança e motivação. A liderança não é um cargo, mas uma responsabilidade que exige compromisso, empatia e sabedoria. É através de líderes competentes e inspiradores que a polícia consegue cumprir sua missão com excelência, garantindo a segurança e o bem-estar da sociedade.

DISCRIÇÃO

A discrição é uma das qualidades mais essenciais e ao mesmo tempo mais complexas para um bom policial, pois envolve não apenas o comportamento reservado, mas também uma compreensão profunda da ética profissional, da proteção das informações e do respeito aos direitos dos indivíduos. Em um ambiente de constante pressão e tensão, a capacidade de agir com discrição pode ser o fator que diferencia uma operação bem-sucedida de uma falha irreparável. Para o policial, a discrição não se trata apenas de um cuidado com o que é dito ou exposto, mas de um compromisso contínuo com o zelo, a segurança e a confiança que lhe são atribuídos por meio de seu cargo.

Em primeiro lugar, a discrição policial é impreterível para garantir a integridade das investigações. O processo investigativo é muitas vezes repleto de informações sensíveis que, se divulgadas de forma imprudente, podem prejudicar seriamente a condução do caso. Isso é especialmente relevante quando se trata de operações complexas que envolvem organizações criminosas, tráfico de drogas, corrupção ou outras atividades ilícitas de grande escala. O policial que age com discrição mantém o foco nas evidências e nos métodos legítimos de coleta de informações, sem permitir que boatos, especulações ou informações não verificadas contaminem o andamento da investigação. O sigilo é, nesse contexto, não apenas uma questão de técnica, mas uma questão ética e de respeito pelo direito à privacidade dos cidadãos e pelo processo legal que garante justiça a todos.

A falta de discrição pode colocar em risco a segurança de todos os envolvidos em uma operação, seja ela de grande escala ou em abordagens menores. Ao divulgar detalhes sobre uma investigação, um policial pode inadvertidamente alertar os suspeitos ou tornar-se alvo de pressões externas, como tentativas de suborno ou manipulação. A discrição, portanto, é um mecanismo de proteção. Ela assegura que apenas aqueles que realmente necessitam de determinada informação possam acessá-la, garantindo, assim, que todos os envolvidos – sejam vítimas, testemunhas, suspeitos ou policiais – estejam seguros. Além disso, em situações de risco, como em ações de combate ao crime organizado ou operações de inteligência, manter sigilo sobre os detalhes da missão até o momento da execução é uma estratégia de segurança fundamental, que evita que os criminosos se antecipem às ações da polícia.

Outro ponto crucial em que a discrição se faz indispensável é na preservação da confiança pública. A polícia é uma instituição que deve ser vista como uma aliada da comunidade, que atua para garantir a segurança e a ordem pública, sem invadir a privacidade ou prejudicar injustamente qualquer pessoa. A discrição ajuda a preservar essa imagem de imparcialidade e respeito, pois evita o vazamento de informações privadas ou de detalhes que poderiam prejudicar a reputação ou a integridade de pessoas inocentes. Por exemplo, um policial que age com discrição ao lidar com uma vítima de violência doméstica, sem expor suas circunstâncias para terceiros, está demonstrando respeito por sua privacidade e dignidade. Isso cria um ambiente de confiança mútua, onde os cidadãos sabem que a polícia irá proteger suas informações e seus direitos, sem julgamento precipitado ou revelações desnecessárias.

Além do mais, a discrição é vital para a preservação da ética profissional. Em um ambiente onde a pressão externa, a curiosidade pública e as intrusões midiáticas podem ser intensas, o policial precisa ser capaz de separar o que é público do que deve permanecer confidencial. Esse equilíbrio é necessário para que as operações possam ser conduzidas com eficácia, sem que o trabalho policial se torne uma exposição pública desnecessária ou uma arena para disputas de poder e influência. Um policial discreto não se deixa influenciar por pressões externas ou por situações que possam gerar atenção indesejada; ele mantém o foco nas leis e nos valores éticos que regem sua profissão. A discrição também está diretamente relacionada à capacidade de preservar a integridade do processo judicial, já que um vazamento de informações pode prejudicar o direito ao devido processo legal, afetando negativamente as investigações, a defesa de um acusado ou o direito da vítima de ter sua privacidade respeitada.

No trato diário com a população, a discrição é igualmente importante para o bom relacionamento entre a polícia e os cidadãos. Ao abordar indivíduos em situações de conflito ou de suspeita, o policial deve demonstrar respeito pela dignidade da pessoa, sem recorrer a ações excessivas ou à exposição pública de informações íntimas. Por exemplo, durante uma abordagem de rotina, a discrição é necessária para garantir que o cidadão não seja humilhado ou estigmatizado em público, mantendo a abordagem respeitosa e profissional. Isso não significa que a ação policial deve ser menos firme ou eficaz, mas que ela deve ser conduzida de forma que minimize o impacto psicológico e emocional sobre a pessoa envolvida. A discrição é um dos pilares que fundamentam a construção de um relacionamento de confiança e respeito com a comunidade, essencial para a polícia poder realizar seu trabalho com eficiência.

A discrição também é um aspecto importante no trabalho em equipe dentro da corporação policial. Cada operação ou missão envolve uma série de etapas que exigem coordenação e sincronia entre os membros da equipe e, em muitos casos, é indispensável que certos detalhes ou estratégias sejam compartilhados apenas com aqueles que estão diretamente envolvidos. A habilidade de manter o sigilo dentro da corporação fortalece a coesão do grupo, evita conflitos internos e garante que a comunicação seja eficiente e segura. Além disso, um policial que mantém a discrição nas interações com seus colegas demonstra respeito pela hierarquia, pela confiança mútua e pela necessidade de um ambiente de trabalho ético e profissional. A discrição, nesse contexto, é uma forma de proteger a unidade da equipe, permitindo que todos os membros se concentrem no objetivo comum sem dispersões causadas por vazamentos ou informações fora de contexto.

Em uma situação de crise ou durante uma emergência, a discrição também se torna um instrumento vital para a tomada de decisões rápidas e eficazes. Em momentos de alta tensão, como abordagens de criminosos armados ou em cenários de risco iminente, o policial precisa agir com precisão e foco, sem se deixar desviar por fatores externos ou pela pressão pública. A discrição aqui está ligada à capacidade de manter um controle rigoroso sobre o que é compartilhado e como as informações são divulgadas. No caso de uma situação de refém, por exemplo, os detalhes da negociação ou das táticas usadas pela polícia precisam ser mantidos em segredo até que seja seguro agir, para garantir a segurança de todos os envolvidos e o sucesso da operação. Ademais, em momentos de crise, é fundamental que o policial mostre empatia e contenha seus próprios sentimentos para não exacerbar ainda mais a situação.

Além de sua aplicação direta nas operações e no tratamento das informações, a discrição também tem um papel importante no autocontrole do policial. Este profissional muitas vezes se vê diante de situações de grande estresse, onde a tentação de agir impulsivamente ou reagir de forma exagerada pode ser forte. A discrição é, nesse caso, um reflexo de maturidade emocional e autoconsciência, permitindo que o policial mantenha a compostura mesmo em momentos de grande tensão. O autocontrole e a discrição, portanto, andam juntos, já que o policial que age com discrição não apenas respeita as informações confidenciais, mas também gerencia suas próprias emoções e comportamentos com profissionalismo.

Por fim, a discrição é um traço que pode ser cultivado ao longo da carreira policial, sendo uma habilidade adquirida pela experiência, pela reflexão e pelo compromisso com os valores da profissão. Ela não deve ser vista apenas como uma característica passiva, mas como uma prática ativa e estratégica que contribui para a eficácia das operações, para o respeito aos direitos humanos, para a segurança de todos os envolvidos e para a manutenção da confiança pública nas instituições de segurança. O policial que possui um elevado senso de discrição é, portanto, alguém que compreende profundamente as implicações de suas ações e palavras, sendo capaz de operar com ética, respeito e profissionalismo em qualquer circunstância.

Em um mundo onde a exposição e a vulnerabilidade estão cada vez mais presentes, a discrição se torna uma das colunas mais fortes da atuação policial. Ela não é apenas uma questão de comportamento pessoal, mas uma responsabilidade coletiva, refletindo diretamente na confiança que a sociedade deposita nas forças de segurança. A discrição é, assim, uma característica que torna o policial não apenas competente, mas digno da confiança da sociedade, um verdadeiro guardião da ordem e da justiça.

RESPEITO AOS DIREITOS HUMANOS

O respeito aos direitos humanos é uma das qualidades mais fundamentais para a atuação de um bom policial. Em uma sociedade democrática, em que as leis garantem a igualdade e a dignidade de todos os indivíduos, a função da polícia vai além da simples manutenção da ordem pública; ela envolve a proteção dos direitos fundamentais dos cidadãos, independentemente de sua origem, classe social, etnia, orientação sexual, religião ou qualquer outra característica. Esse compromisso com os direitos humanos não é apenas uma exigência ética, mas uma diretriz essencial para a construção de um sistema de justiça justo, humano e equilibrado.

O policial, como representante do Estado e como servidor público, tem a responsabilidade de atuar com respeito pelos direitos de todas as pessoas, sem discriminação ou preconceito. Esse respeito é refletido em todas as ações policiais, seja na abordagem de indivíduos, na investigação de crimes, no tratamento de vítimas e testemunhas ou na condução de operações de segurança. A proteção dos direitos humanos exige do policial uma postura de imparcialidade, de equilíbrio entre a aplicação da lei e a preservação da dignidade humana. Em outras palavras, o policial deve garantir que, ao fazer cumprir a lei, nunca se esqueça de que as pessoas que estão sob sua responsabilidade, sejam vítimas, suspeitos ou qualquer outro cidadão, são titulares de direitos fundamentais que devem ser respeitados em todas as circunstâncias.

Primeiramente, é importante destacar que o respeito aos direitos humanos não se limita à simples obediência às leis e à Constituição. Embora a legislação forneça o quadro jurídico necessário para assegurar os direitos básicos, o respeito genuíno aos direitos humanos exige uma compreensão profunda do conceito de dignidade humana e a capacidade de agir com sensibilidade e empatia. A dignidade humana é um princípio que transcende as ações individuais de um policial e que deve guiar a forma como ele lida com cada pessoa que entra em contato, seja em situações de conflito, em momentos de alta tensão ou em singelas interações cotidianas.

A atuação de um policial deve ser orientada pela ideia de que, independentemente da situação ou das circunstâncias, a dignidade de qualquer ser humano não pode ser desconsiderada. Isso implica que, ao lidar com um suspeito de um crime, por exemplo, o policial deve garantir que o indivíduo seja tratado com respeito, sem qualquer tipo de violência desnecessária, humilhação ou abuso. A ação policial precisa ser proporcional à situação e focada na solução do problema, sem recorrer a medidas excessivas que possam infringir os direitos da pessoa envolvida. O respeito aos direitos humanos exige que o policial compreenda que a vida humana é inviolável e que, mesmo diante de uma abordagem tensa, ele deve se esforçar para garantir que a violência seja evitada, salvo em situações absolutamente extremas onde o uso da força seja indispensável.

Além disso, o respeito aos direitos humanos exige que o policial tenha plena consciência da sua responsabilidade em garantir o direito à liberdade e à segurança pessoal dos cidadãos. Ao realizar uma abordagem, é imprescindível que o policial respeite o direito do indivíduo ao silêncio, à comunicação com um advogado e à ampla defesa, respeitando a presunção de inocência. O policial não deve agir com base em estereótipos, julgamentos precipitados ou discriminação, sendo fundamental que ele trate todos os cidadãos de maneira igualitária, sem diferenciação de cor, classe social ou qualquer outra característica pessoal. O respeito aos direitos humanos suscita, assim, uma aplicação justa e imparcial da lei, sempre com base na dignidade humana e no devido processo legal.

Em muitos contextos, os policiais se veem em situações de grande pressão, com a necessidade de tomar decisões rápidas e, muitas vezes, difíceis. No entanto, o respeito aos direitos humanos não deve ser uma escolha ocasional, mas uma diretriz constante e contínua que orienta todas as ações do policial. Em situações de risco, como durante uma abordagem a suspeitos de envolvimento com o crime, a abordagem deve ser realizada de maneira cuidadosa e sensata, evitando o uso excessivo da força e respeitando o direito do indivíduo à integridade física e psicológica. Um bom policial deve ter a capacidade de agir com calma e controle, evitando que seus impulsos pessoais ou a pressão do momento o façam desrespeitar os direitos do cidadão, mesmo quando ele estiver em uma posição de autoridade.

O respeito aos direitos humanos também implica que o policial saiba lidar de forma adequada com as vítimas de crimes. Muitas vezes, as vítimas já enfrentam traumas profundos e, por isso, precisam ser tratadas com cuidado e compaixão. O atendimento a vítimas de violência doméstica, abuso sexual, discriminação ou qualquer outro tipo de agressão exige que o policial tenha uma postura empática, escutando atentamente, sem julgamento e com a compreensão de que essas pessoas precisam não apenas de proteção, mas também de suporte emocional e psicológico. O respeito aos direitos humanos também envolve garantir que as vítimas de crimes tenham acesso à justiça e possam contar com a proteção da polícia durante todo o processo investigativo e judicial. Isso significa que o policial deve garantir a confidencialidade das informações pessoais da vítima, evitando qualquer exposição desnecessária que possa causar mais sofrimento.

Além do mais, o respeito aos direitos humanos exige do policial uma contínua vigilância sobre as suas próprias atitudes e comportamentos, prevenindo qualquer forma de preconceito ou discriminação. Um bom policial deve ser capaz de refletir sobre suas próprias crenças, emoções e reações, para garantir que suas ações nunca sejam influenciadas por estereótipos ou julgamentos injustos. Isso é especialmente importante em uma sociedade multicultural e diversa como a nossa, onde pessoas de diferentes origens, culturas e crenças coexistem e têm direito a ser tratadas com igualdade e respeito. O policial deve estar atento para evitar qualquer forma de racismo, sexismo, homofobia, xenofobia ou qualquer outra forma de discriminação que possa prejudicar sua atuação profissional e minar a confiança da comunidade.

Dentro da corporação policial, o respeito aos direitos humanos também exige que os líderes da instituição promovam uma cultura organizacional baseada nos princípios da ética, da justiça e da equidade. Isso significa que a formação dos policiais deve incluir, de maneira contínua, o estudo dos direitos humanos, da legislação internacional e da importância de um policiamento que respeite as liberdades fundamentais. Além disso, é imperioso que a instituição policial adote mecanismos de fiscalização e controle interno eficazes, para garantir que eventuais violações dos direitos humanos sejam identificadas e corrigidas de maneira transparente e justa. O respeito aos direitos humanos também deve ser uma prática institucionalizada, que se reflete não apenas no comportamento de cada policial, mas também no modo como a corporação como um todo se posiciona em face de situações de abuso ou corrupção.

É importante destacar que o respeito aos direitos humanos não se limita ao campo da atuação policial, mas é um princípio que se aplica a todas as esferas da sociedade. Quando a polícia atua com respeito aos direitos humanos, ela contribui para a construção de um sistema de justiça que seja verdadeiramente justo e igualitário. A confiança da sociedade na polícia depende diretamente da forma como ela trata os indivíduos, garantindo que as ações sejam fundamentadas em princípios de equidade e respeito pela dignidade humana. Isso se reflete em um relacionamento mais harmonioso entre a polícia e a comunidade, onde a colaboração mútua e o respeito são as bases para a construção de uma sociedade mais segura e justa.

Finalmente, o respeito aos direitos humanos é uma responsabilidade que vai além da profissão policial. Ele envolve um compromisso ético e moral de tratar todas as pessoas com dignidade, independentemente das circunstâncias. Ao adotar e aplicar os princípios dos direitos humanos, o policial não apenas cumpre seu dever de proteger e servir, mas contribui para a construção de um sistema de segurança pública que seja mais eficaz, humano e justo.

Em última instância, a polícia que respeita os direitos humanos é aquela que está verdadeiramente comprometida com o bem-estar coletivo, com a justiça e com a promoção de uma sociedade onde todos possam viver livres de medo, discriminação e violência. O respeito aos direitos humanos deve, assim, ser entendido como a base sobre a qual a atuação policial deve ser construída, e não como uma tarefa ou obrigação isolada, mas como a essência de uma prática profissional que visa a construção de um futuro melhor para todos.

PERSISTÊNCIA

A persistência é uma qualidade fundamental para o bom desempenho de qualquer policial, sendo uma virtude que não apenas molda a capacidade de superar obstáculos, mas também define o compromisso contínuo com a missão de proteger e servir à sociedade. No contexto policial, a persistência não se refere apenas à capacidade de seguir em frente diante das dificuldades, mas à disposição de continuar a busca pela verdade, pela justiça e pela segurança pública, mesmo quando os resultados imediatos não são visíveis. Em um ambiente marcado por situações desafiadoras, de pressão constante e muitas vezes de adversidade, a persistência é o que permite ao policial se manter firme, com foco em seus objetivos, sem perder de vista os valores que norteiam a profissão.

A jornada de um policial é muitas vezes repleta de desafios inesperados. Investigações complexas, situações de risco elevado, crises comunitárias e conflitos sociais fazem parte do cotidiano da profissão. Contudo, é a persistência que define o sucesso a longo prazo, pois, em muitos casos, a solução de um problema ou a resolução de um crime exige tempo, paciência e uma abordagem constante. Nem sempre os resultados aparecem imediatamente, e é nesse cenário que a persistência se torna crucial. Para o bom policial, desistir não é uma opção. Mesmo quando os obstáculos parecem insuperáveis, o policial persistente segue adiante, comprometido com a busca pela justiça e pela ordem pública, acreditando que cada esforço, cada passo dado, contribui para um mundo mais seguro e justo.

No âmbito das investigações policiais, a persistência é, muitas vezes, o que separa o sucesso do fracasso. Crimes complexos, como tráfico de drogas, crimes cibernéticos ou organizações criminosas bem estruturadas, exigem um esforço constante e meticuloso. O trabalho de coleta de informações, a análise de provas e a identificação de pistas que, inicialmente, podem parecer insignificantes, requerem uma dedicação incansável. Um policial persistente não se abate em face de uma pista que não leva a lugar algum ou de um depoimento que não faz sentido. Ele entende que o caminho para a verdade é repleto de tentativas e erros e que, muitas vezes, as respostas aparecem apenas depois de um esforço contínuo. Ao contrário da abordagem superficial ou apressada, a persistência permite que o policial investigue minuciosamente cada detalhe, sem se contentar com soluções rápidas ou fáceis. Esse compromisso com a busca incessante pela verdade é o que garante, muitas vezes, o sucesso de investigações longas e árduas, culminando em resultados que fazem toda a diferença na segurança da comunidade.

Outro aspecto fundamental da persistência no trabalho policial está relacionado à resiliência emocional e psicológica. O trabalho de um policial não se resume a tarefas técnicas, mas envolve a constante interação com seres humanos em situações extremas de vulnerabilidade, sofrimento e medo. Policiais frequentemente lidam com cenas de violência, tragédias familiares, mortes violentas e situações de risco iminente. O impacto emocional dessas vivências pode ser devastador, e é nesse ponto que a persistência também se faz necessária. Ser persistente não significa apenas resistir às dificuldades externas, mas também à pressão interna gerada pelo peso emocional do trabalho. A persistência permite ao policial lidar com o estresse psicológico, mantendo a capacidade de tomar decisões racionais e justas, sem que suas emoções afetem seu julgamento. Ela permite que o policial continue a servir à sociedade com empenho, mesmo após vivenciar experiências traumáticas, e que ele busque ajuda e cuidados quando necessário, para continuar cumprindo sua função com excelência.

Ademais, a persistência é essencial na construção da confiança entre a polícia e a comunidade. A relação entre a corporação policial e a população nem sempre é simples. Muitas vezes, em contextos de violência, desigualdade e desconfiança, a tarefa de um policial é difícil. No entanto, a persistência em realizar um trabalho de aproximação e entendimento com a comunidade, em escutar suas demandas e promover uma atuação transparente e eficiente, é a chave para conquistar a confiança da população. Através de ações contínuas, onde o policial se dedica a compreender as necessidades locais e a promover segurança de forma justa, o policial constrói uma relação de confiança que permite à comunidade se sentir mais protegida e mais propensa a colaborar com o trabalho policial. A persistência no desenvolvimento de uma relação de confiança com a sociedade, muitas vezes construída ao longo de anos, gera um ciclo virtuoso de cooperação mútua, resultando em mais segurança e mais efetividade nas ações policiais.

Em um nível mais pessoal, a persistência de um policial também é refletida em sua procura contínua pelo aprimoramento profissional. O contexto da segurança pública está em constante evolução, com novas ameaças surgindo e novas tecnologias sendo empregadas no combate ao crime. Nesse cenário, um bom policial não pode se contentar com o conhecimento adquirido em sua formação inicial, mas deve estar sempre em busca de novas formas de se aprimorar, seja por meio de cursos, treinamentos, especializações ou até mesmo da troca de experiências com outros profissionais. A persistência nesse processo de evolução contínua é o que garante que o policial seja sempre eficiente e capaz de lidar com as mudanças no cenário da segurança pública. Isso também implica em uma postura de humildade e aprendizado, sabendo que sempre há algo novo a ser aprendido, algo que pode ser aprimorado, algo que pode melhorar a maneira de servir à comunidade.

A persistência também se reflete na capacidade do policial de manter a integridade moral e ética mesmo diante de situações desafiadoras. A pressão externa e interna pode, muitas vezes, levar o profissional a tomar atalhos ou decisões que comprometem seus princípios. A persistência é o que impede que o policial se desvie de seus valores, o que o mantém firme em sua missão de servir à justiça, mesmo quando a tentação de agir de maneira imprópria surge. A persistência moral permite que o policial, mesmo na presença de dificuldades e tentações, continue a agir de acordo com os padrões éticos mais elevados, respeitando os direitos humanos e a lei, independentemente das pressões que possam surgir.

Outro ponto crucial é que a persistência no trabalho policial é uma das chaves para a melhoria contínua da instituição. O policial persistente é também aquele que busca melhorar o sistema em que atua, sendo parte ativa no processo de mudança e evolução da polícia como um todo. Isso significa que o policial, além de se preocupar com seu próprio desempenho, também está atento ao desempenho da instituição, buscando formas de colaborar com o desenvolvimento de novos protocolos, melhores práticas e políticas públicas que possam beneficiar a segurança e a justiça. Essa capacidade de persistir na busca por melhorias, tanto pessoais quanto institucionais, contribui para a construção de uma polícia mais moderna, eficiente e justa.

É também importante notar que a persistência na esfera policial não significa agir sem considerar o contexto ou sem reconhecer a necessidade de adaptação. Persistir não é, necessariamente, resistir a todas as adversidades, mas saber identificar, com sabedoria, quando uma abordagem deve ser ajustada e quando a perseverança é realmente a melhor escolha. A persistência verdadeira está ligada à habilidade de ser flexível, de saber quando continuar tentando e quando redirecionar os esforços, mas sempre com o compromisso de cumprir a missão com dedicação e responsabilidade.

Por fim, a persistência de um policial também é medida pela sua capacidade de inspirar os outros. Um policial persistente se torna um exemplo para seus colegas, liderando com o exemplo e mostrando, através de suas próprias ações, o valor de não desistir diante das dificuldades. Ele motiva sua equipe a continuar em frente, a trabalhar juntos, a nunca perder a esperança, mesmo quando o cenário parece difícil. A persistência é uma qualidade contagiante e, quando cultivada por um policial, ela se espalha por toda a instituição, criando uma cultura de resiliência, compromisso e eficácia.

Em síntese, a persistência é a força motriz que mantém o policial motivado, focado e comprometido com sua missão, apesar das adversidades. Ela não se limita a resistir ou a continuar, mas implica uma busca contínua pela verdade, pela justiça, pelo aprimoramento e pela construção de relações de confiança. A persistência no contexto policial é a qualidade que garante que, independentemente dos desafios, o policial jamais desista de sua missão de proteger e servir à sociedade. Ela é a base sobre a qual a eficácia e a excelência do trabalho policial se sustentam, sendo um dos pilares essenciais para a construção de uma polícia mais forte, mais justa e mais humana.

HABILIDADES INVESTIGATIVAS

As habilidades investigativas de um policial são impreteríveis para o sucesso da investigação e, consequentemente, para a manutenção da ordem pública e da justiça. A investigação vai muito além de simplesmente coletar provas ou interrogar suspeitos; ela envolve uma combinação de habilidades cognitivas, emocionais e técnicas, que, quando bem desenvolvidas, permitem ao policial resolver casos complexos e muitas vezes desafiadores. Para ser um bom policial, é necessário não apenas ser disciplinado e ético, mas também ter um conjunto sólido de competências investigativas que se traduzem em habilidades práticas, estratégicas e psicológicas, todas voltadas para a busca pela verdade e pela justiça.

No processo investigativo, a observação cuidadosa é o primeiro e talvez o mais importante passo. A habilidade de perceber pequenos detalhes, que muitas vezes podem passar despercebidos para a maioria das pessoas, é uma característica crucial de um bom investigador. Em uma cena de crime, por exemplo, um bom policial pode notar um objeto fora do lugar, um rastro de pegadas ou até mesmo uma janela aberta, que pode parecer irrelevante à primeira vista, mas que na verdade contém uma pista importante para a solução do caso. A capacidade de observar não se restringe apenas ao que é visível, mas também envolve um entendimento mais profundo do comportamento humano. Saber identificar sinais sutis de nervosismo, culpa ou evasão em uma conversa pode ser tão revelador quanto uma prova material encontrada no local do delito.

Uma vez que a observação é feita, a próxima etapa imprescindível é a coleta e preservação das evidências. O processo de reunir provas é uma das habilidades mais técnicas e minuciosas do trabalho investigativo. Cada evidência encontrada precisa ser registrada e tratada com o máximo de cuidado, pois qualquer erro pode comprometer a integridade da investigação. A coleta de evidências não se resume a provas físicas; em muitas investigações contemporâneas, provas digitais — como registros de mensagens, *e-mails*, dados de celular e imagens — desempenham um papel cada vez mais importante. A habilidade de coletar essas provas de forma adequada e preservá-las para análise posterior é fundamental para garantir a legalidade do processo e a legitimidade do material obtido. O policial também precisa ter conhecimento sobre os procedimentos legais relacionados à coleta de provas, para que não haja violações dos direitos constitucionais das pessoas envolvidas.

Outro aspecto importante das habilidades investigativas é a condução de entrevistas e interrogatórios. Um bom policial precisa ser um comunicador eficaz, capaz de interagir com diferentes tipos de pessoas e obter informações valiosas sem recorrer a métodos coercitivos ou ilegais. A entrevista de testemunhas, vítimas e suspeitos exige uma abordagem que combine empatia, técnica e discernimento. A habilidade de conduzir uma conversa de maneira a obter respostas claras e sinceras é muitas vezes a chave para resolver um caso. O policial precisa ser sensível ao contexto emocional da pessoa com quem está falando, respeitando suas limitações e traumas, mas também deve ser firme o suficiente para não permitir que a pessoa escape de fornecer as informações necessárias. Essa habilidade envolve saber quando fazer perguntas abertas e incisivas, quando interromper e quando dar espaço para que a pessoa fale. Além disso, a leitura da linguagem corporal é uma ferramenta indispensável, pois ela pode fornecer indícios sobre a veracidade ou a evasão nas respostas.

A capacidade de raciocínio lógico e dedutivo também é uma das habilidades investigativas mais valorizadas. A investigação não é somente sobre reunir informações, mas também sobre conectar esses dados de maneira lógica para formular hipóteses sobre o que aconteceu e como. Um bom policial deve ser capaz de identificar padrões, fazer correlações entre diferentes eventos e testar suas hipóteses para entender a sequência dos acontecimentos. Isso exige um pensamento analítico e uma abordagem crítica, já que a primeira conclusão pode nem sempre ser a correta. A dedução lógica permite ao investigador traçar uma linha do tempo dos fatos, identificar possíveis motivações e até antecipar os próximos passos de um criminoso. O raciocínio crítico ajuda a garantir que a investigação se concentre nas evidências relevantes, sem cair em distrações ou suposições infundadas.

Em muitos casos, o trabalho investigativo também exige habilidades tecnológicas. Com o avanço da tecnologia, as evidências digitais se tornaram parte integrante das investigações. Para lidar com isso de forma eficaz, um policial precisa ser capaz de utilizar ferramentas de investigação cibernética para acessar dados de dispositivos eletrônicos, como computadores, telefones celulares e redes sociais. Isso inclui a capacidade de coletar informações de forma legal e ética, respeitando os direitos individuais, e a habilidade de analisar esses dados para extrair provas significativas. A ciberinvestigação, por exemplo, tem se mostrado fundamental em crimes como fraudes financeiras, crimes cibernéticos e até em investigações de tráfico de drogas, onde as redes digitais desempenham um papel importante. Ter conhecimentos em informática forense e em criptografia pode ser um diferencial importante na investigação de crimes digitais, o que coloca ainda mais em destaque a necessidade de constante atualização do policial no que diz respeito às novas tecnologias e metodologias de investigação.

As habilidades investigativas também dependem da capacidade de trabalhar em equipe. Embora a imagem do policial investigativo solitário seja comum, muitas vezes o sucesso de uma investigação depende da colaboração entre diferentes departamentos e especialistas. Um caso complexo pode exigir a análise de várias disciplinas, desde perícias técnicas até conhecimentos especializados sobre comportamento criminoso ou perfis de vítimas. O bom investigador é aquele que sabe coordenar o trabalho em equipe, delegar tarefas, compartilhar informações de forma clara e garantir que todos os membros da equipe estejam trabalhando em harmonia. Isso é especialmente importante em investigações de grande porte, que envolvem múltiplos criminosos ou uma rede criminosa.

Além do mais, o policial investigador deve ter um sólido entendimento das leis e regulamentos que regem o sistema de justiça. Ele precisa conhecer os direitos dos cidadãos, as limitações legais para coleta de provas e a correta aplicação dos procedimentos durante o andamento do processo investigativo. O respeito aos direitos humanos e à Constituição é fundamental para garantir que a investigação seja justa e que as provas obtidas sejam válidas perante o tribunal. Isso inclui, por exemplo, saber como conduzir buscas sem violar a privacidade, como obter mandados judiciais de maneira legítima e como tratar os suspeitos de modo ético, sem recorrer a abusos ou coerção. O domínio das leis garante não apenas a integridade da investigação, mas também a credibilidade do sistema de justiça como um todo.

A ética é um fator imprescindível em todas as fases da investigação. A busca pela verdade e pela justiça deve ser conduzida com imparcialidade, sem que o policial se deixe influenciar por preconceitos, pressões externas ou interesses pessoais. O compromisso com a verdade exige do investigador uma postura ética rigorosa, que não permita a manipulação das evidências ou o uso de métodos ilegais para alcançar resultados. Em muitos casos, é a ética do policial que define a integridade de um caso, sendo que qualquer violação nesse aspecto pode comprometer toda a investigação, levar à anulação de provas e até mesmo prejudicar o sistema de justiça como um todo.

Além disso, o policial investigador deve estar preparado para tomar decisões rápidas e acertadas sob pressão. O tempo é frequentemente um fator crucial, e a habilidade de agir rapidamente, sem perder a qualidade da investigação, é essencial. Em situações de emergência, como a perseguição de criminosos ou a resposta a um crime em andamento, o policial precisa ser capaz de avaliar rapidamente a situação, tomar decisões difíceis e agir de maneira eficiente. Essa capacidade de tomar decisões com confiança, mesmo diante da incerteza, exige uma mentalidade calma e focada, além de uma preparação sólida em técnicas de gestão de crise e de resolução de problemas.

Por fim, as habilidades investigativas são um conjunto complexo e dinâmico que se desenvolve ao longo de toda a carreira policial. Um bom investigador não nasce pronto; ele é formado por meio de treinamento contínuo, experiência prática e aprendizado constante. A investigação policial exige paciência, dedicação e um compromisso incansável com a verdade. A medida que o policial avança em sua carreira, ele vai aprimorando essas habilidades, adaptando-se às novas demandas da sociedade e da tecnologia, mas sempre mantendo como guia principal o dever de servir à justiça e à segurança pública. Essas habilidades investigativas são, portanto, fundamentais não apenas para a resolução de crimes, mas também para a construção de uma sociedade mais justa, segura e confiante no sistema de justiça.

GESTÃO DE TEMPO

A gestão de tempo é uma habilidade básica para qualquer policial, sendo um dos pilares para o desempenho eficiente da função e a garantia da segurança pública. O trabalho policial é multifacetado e imprevisível, exigindo que o profissional saiba administrar seu tempo de forma estratégica para lidar com as diversas demandas que surgem ao longo de sua jornada. A gestão eficaz do tempo não se resume apenas ao planejamento das atividades cotidianas, mas envolve uma capacidade de adaptação constante, de definição de prioridades e de equilíbrio entre as tarefas operacionais e administrativas, além de promover o autocuidado, fundamental para garantir a saúde física e mental do policial. Em um ambiente onde cada minuto pode ser crucial para a resolução de um incidente e para a preservação da ordem pública, a gestão de tempo torna-se um dos componentes mais importantes para o sucesso de um policial em sua missão.

O contexto do trabalho policial é marcado pela imprevisibilidade. Incidentes de emergência podem ocorrer a qualquer momento, exigindo que o policial esteja pronto para responder de maneira imediata, e, muitas vezes, com pouco tempo para avaliar todas as circunstâncias. Porém, essa imprevisibilidade não significa que o policial deva agir de forma reativa ou desorganizada. Ao contrário, um bom policial deve ser capaz de planejar sua rotina de modo eficiente, antecipando possíveis demandas e ajustando suas atividades conforme as circunstâncias. O planejamento, embora nem sempre perfeito, deve ser uma ferramenta que ajude o policial a organizar suas tarefas de maneira a não se perder em um mar de obrigações. As atividades de patrulhamento, investigações, reuniões, preenchimento de relatórios e outras demandas exigem uma divisão clara do tempo disponível, permitindo ao policial se concentrar naquilo que realmente necessita de atenção em cada momento.

A gestão de tempo eficaz começa com a definição de prioridades. Em um contexto policial, saber identificar o que é mais urgente é uma competência crítica. Enquanto algumas tarefas podem ser adiadas ou realizadas em momentos mais tranquilos, outras não podem esperar. Por exemplo, uma ocorrência de emergência ou uma denúncia de crime em andamento exige uma resposta imediata, enquanto tarefas administrativas, como o preenchimento de relatórios ou a análise de dados de investigação, podem ser realizadas posteriormente. O bom policial sabe que a priorização não se limita somente a questões urgentes, mas também envolve a capacidade de perceber as necessidades de longo prazo. Por exemplo, investir tempo em treinamento contínuo, aprimoramento de habilidades e no planejamento de ações futuras é algo que, embora não urgente, tem um impacto direto na eficácia do trabalho policial a longo prazo. Saber como balancear essas prioridades é fundamental para evitar sobrecarga e garantir que cada tarefa seja executada no tempo mais adequado.

Em muitas situações, a gestão de tempo de um policial envolve a habilidade de realizar múltiplas tarefas simultaneamente, sem que a qualidade de uma atividade seja comprometida em detrimento de outra. A capacidade de dividir o tempo entre atividades operacionais e administrativas é um desafio comum. Um policial deve ser capaz de realizar patrulhamento, responder a chamadas de emergência e, ao mesmo tempo, cumprir com suas obrigações administrativas, como o preenchimento de relatórios de ocorrências, a elaboração de registros e a análise de investigações em andamento. A falta de equilíbrio entre essas duas esferas pode resultar em uma sobrecarga de trabalho ou em um desempenho insatisfatório em áreas que, embora não sejam tão visíveis, são igualmente importantes para o bom funcionamento da instituição. O bom policial entende que a gestão de tempo não é apenas sobre a quantidade de atividades realizadas, mas sobre a qualidade da execução dessas tarefas. Ele precisa ser capaz de identificar quais atividades exigem mais atenção em determinado momento e como redistribuir seu tempo para garantir que todas as funções sejam cumpridas com eficiência.

Outro aspecto importante da gestão de tempo policial está relacionado ao autocuidado. A natureza do trabalho policial, com turnos longos, exposição a situações estressantes e até perigosas, pode levar ao esgotamento físico e mental se o policial não souber administrar seu tempo de forma equilibrada. O autocuidado, que envolve descanso adequado, alimentação saudável, práticas de exercícios físicos e momentos de lazer, é uma parte essencial da gestão de tempo. Ignorar essas necessidades básicas pode resultar em desgaste emocional, estresse crônico e até mesmo em problemas de saúde física, o que, por sua vez, compromete a eficácia do trabalho policial. O bom policial entende que, para ser eficiente no desempenho de suas funções, é necessário cuidar de sua saúde física e mental. Isso envolve a criação de tempo para descanso e recuperação, sem culpa ou negligência das responsabilidades profissionais. A gestão do tempo não deve ser encarada apenas como uma maneira de otimizar o desempenho no trabalho, mas também como uma ferramenta para garantir que o policial tenha a energia e a disposição necessárias para lidar com os desafios da profissão ao longo do tempo.

    Além do mais, a gestão de tempo eficiente está diretamente ligada à capacidade de adaptação às circunstâncias. O trabalho policial exige flexibilidade, pois, por mais que o planejamento seja realizado com antecedência, muitas vezes as situações podem exigir mudanças rápidas nas prioridades e na organização do tempo. Incidentes inesperados, mudanças na escala de trabalho ou novas ocorrências podem alterar o curso do dia de um policial. A capacidade de ajustar rapidamente o planejamento, sem que isso cause um desequilíbrio geral nas tarefas programadas, é uma habilidade fundamental para quem atua na área de segurança pública. O bom policial é aquele que sabe lidar com a pressão de situações inesperadas e é capaz de reorganizar sua agenda sem perder a produtividade ou a qualidade nas atividades que realiza. Essa flexibilidade, aliada a uma boa gestão do tempo, é um dos principais fatores que permitem ao policial manter o foco, mesmo diante de imprevistos e desafios.

A comunicação é outro ponto fulcral dentro da gestão de tempo policial. Em muitas ocasiões, o trabalho de um policial envolve colaboração com outros membros da equipe ou com diferentes setores da instituição. A eficácia da troca de informações pode fazer toda a diferença na resposta a uma emergência ou na execução de uma operação conjunta. A gestão do tempo dentro de uma equipe depende de uma comunicação clara e objetiva, onde cada membro saiba exatamente qual é o seu papel e como as tarefas devem ser realizadas dentro de um prazo adequado. A comunicação eficiente também implica em uma habilidade de transmitir informações de maneira concisa, para que o tempo não seja desperdiçado em longas explicações ou confusões desnecessárias. O bom policial é aquele que sabe como coordenar sua própria agenda e a de sua equipe, garantindo que as interações sejam produtivas e que os recursos, tanto humanos quanto materiais, sejam utilizados da melhor forma possível.

 Porém, talvez o aspecto mais desafiador da gestão de tempo para um policial seja a pressão constante para agir com rapidez e precisão. O tempo é frequentemente um fator crítico em situações de emergência, como a resposta a crimes em andamento, acidentes ou até confrontos armados. A capacidade de tomar decisões rápidas e acertadas, sem hesitar ou se sobrecarregar emocionalmente, exige treinamento e experiência. O bom policial sabe como agir com calma sob pressão, estabelecendo prioridades claras e tomando decisões que maximizem a eficácia da ação policial. Ao mesmo tempo, ele deve ser capaz de administrar o tempo de forma que não sobrecarregue sua mente, respeitando os limites de seu corpo e da situação. Manter o controle da própria gestão de tempo durante momentos de crise é um desafio constante, mas que pode ser superado por meio de uma boa preparação e de uma estratégia clara para lidar com a pressão.

 A gestão de tempo também está diretamente relacionada à melhoria contínua do policial. Investir em treinamento, em novos conhecimentos e no aprimoramento de suas habilidades é uma maneira de administrar bem o tempo a longo prazo. Embora, no dia a dia, o tempo pareça escasso para essas atividades de aprimoramento, elas são fundamentais para garantir que o policial esteja sempre preparado para enfrentar os desafios da profissão. Ao longo da carreira, o policial deve aprender a gerenciar seu tempo de forma que inclua períodos para atualização profissional, participação em cursos e *workshops*, além de tempo dedicado à reflexão sobre sua prática e à busca por melhores métodos de trabalho. Isso não só melhora a eficácia nas funções policiais, mas também contribui para um ambiente de trabalho mais saudável e produtivo.

Por último, a gestão de tempo para o policial não é apenas uma questão de organizar atividades ou cumprir horários. Ela envolve a habilidade de tomar decisões sobre como e quando realizar as tarefas, garantindo que o tempo seja utilizado da maneira mais eficaz possível, sem comprometer a qualidade do trabalho ou a saúde do profissional. A capacidade de equilibrar a vida profissional e pessoal, de lidar com imprevistos, de se comunicar eficazmente e de priorizar o que é mais importante são características que fazem a diferença na carreira de um policial. A gestão de tempo, portanto, é uma habilidade integral para o sucesso na profissão, que exige não apenas planejamento, mas também uma constante adaptação e um compromisso com a melhoria contínua. O bom policial sabe que o tempo é um recurso finito, e, por isso, deve ser gerido com sabedoria e responsabilidade, em benefício da sociedade e de seu próprio bem-estar.

CAPACIDADE ANALÍTICA

A capacidade analítica é uma das qualidades mais essenciais que um policial pode possuir. Ela transcende o simples ato de observar e reagir a uma situação, envolvendo um processo profundo de interpretação, análise e compreensão de contextos complexos, muitas vezes em tempo real e sob pressão. No trabalho policial, onde as variáveis e os fatores envolvidos em qualquer operação ou investigação são múltiplos e dinâmicos, a habilidade de analisar corretamente os dados disponíveis e fazer conexões entre eles é a chave para o sucesso. Esta capacidade permite que o policial não só execute suas funções com precisão, mas também tenha a *foresight* (previsão), a visão estratégica necessária para lidar com os imprevistos que surgem em cada momento da sua atuação.

A análise policial não se limita à análise de uma cena de crime ou à busca por provas materiais. Ela abrange o entendimento profundo das motivações humanas, das interações sociais, das tendências comportamentais e até mesmo das estruturas organizacionais que alimentam atividades criminosas. Nesse sentido, a capacidade analítica de um policial está diretamente ligada à sua habilidade de observar o mundo à sua volta de uma maneira holística e integrada, levando em consideração não apenas os elementos aparentes, mas também os sutis, que podem, por vezes, passar despercebidos aos olhos de um observador menos atento. Em uma investigação, por exemplo, um policial analítico será capaz de identificar padrões de comportamento, vincular um suspeito a um tipo específico de crime ou mesmo perceber incoerências em testemunhos que, à primeira vista, pareceriam confiáveis.

Essa habilidade de observar os fatos e tirar conclusões sensatas exige, naturalmente, treinamento constante e uma experiência acumulada ao longo do tempo. A cada novo caso, o policial analítico afina sua capacidade de diferenciar o essencial do secundário, de identificar a causa de um problema e não apenas seus sintomas. Na rotina policial, as situações podem ser extremamente volúveis, e o que parecia ser uma pista promissora muitas vezes se revela irrelevante quando examinado sob uma perspectiva mais detalhada. Por isso, a capacidade analítica não é apenas uma habilidade cognitiva, mas também uma competência prática que se aprimora com a vivência no campo. Um policial que tem o hábito de questionar os dados que possui e de buscar explicações para cada detalhe, por mais insignificante que pareça, terá mais chances de descobrir informações cruciais que outros poderiam deixar passar.

Em um cenário de operação, onde o tempo é um fator crítico e cada segundo conta, a análise precisa ser rápida, mas igualmente precisa. Um policial que possui uma visão analítica é capaz de avaliar, em frações de segundos, os riscos envolvidos, os comportamentos das pessoas ao seu redor, e até mesmo os mínimos sinais de perigo, como reações corporais ou olhares suspeitos, que poderiam indicar uma tentativa de fuga ou uma ação agressiva iminente. Esse tipo de percepção aguçada, muitas vezes fruto de uma análise intuitiva, é, na verdade, o resultado de anos de treino e de uma mente bem treinada para perceber padrões e tirar conclusões rápidas, com base em seu vasto repertório de experiências e aprendizados acumulados. O policial que pode observar um ambiente de forma crítica, que é capaz de distinguir o que é normal do que é anômalo, estará em uma posição muito mais vantajosa para tomar decisões corretas, mesmo nas situações mais estressantes.

A capacidade analítica também se reflete em uma habilidade muito importante para os policiais: a antecipação. Em uma situação de risco, como um confronto armado ou uma negociação com reféns, a habilidade de prever os próximos movimentos de um criminoso ou de uma vítima pode fazer toda a diferença. Ao estudar as táticas utilizadas por criminosos em situações semelhantes, um policial com boa capacidade analítica será capaz de antecipar suas ações, preparando-se para uma resposta mais eficaz e minimizando os riscos para todos os envolvidos. Além disso, a análise de comportamentos anteriores e o estudo de padrões podem levar um policial a identificar tendências ou características de uma atividade criminosa, o que pode permitir que ele tome medidas preventivas antes que o crime ocorra ou, ainda, que seja capaz de neutralizá-lo de modo mais rápido e eficiente.

Essa antecipação não se limita a momentos de crise ou de confronto. Ela também é fundamental para a resolução de crimes mais complexos, como fraudes, corrupção ou crimes cibernéticos, onde os criminosos muitas vezes agem de forma astuta e dissimulada, deixando poucas pistas visíveis. Um policial analítico será capaz de conectar evidências que parecem isoladas e descobrir padrões de comportamento que podem ser determinantes para identificar os responsáveis. Esse tipo de investigação exige uma mente atenta ao detalhe, capaz de fazer ligações entre os dados mais dispersos e de pensar fora da caixa, algo que é alimentado por uma mente analítica bem desenvolvida.

Em muitas situações, a análise é também primordial para a resolução de disputas e conflitos. Muitas vezes, ao atender a uma ocorrência, o policial se vê diante de versões conflitantes de um mesmo fato. Neste contexto, a habilidade de ouvir atentamente, de analisar cada detalhe do que está sendo dito e de avaliar as provas de maneira criteriosa pode ser a chave para entender a verdadeira natureza da situação. A capacidade analítica permite que o policial veja além das aparências e desconfie de histórias que, à primeira vista, podem parecer convincentes, mas que carecem de profundidade. Assim, ele é capaz de reunir as informações necessárias para uma decisão justa, equilibrada e fundamentada, garantindo que a verdade prevaleça.

Além do mais, em um nível mais estratégico, a capacidade analítica está intrinsecamente ligada à tomada de decisões dentro da organização policial. Não apenas na resolução de casos específicos, mas na gestão de operações de maior escala, no planejamento de ações de prevenção ou na criação de políticas públicas de segurança. Um policial com uma visão analítica aguçada será capaz de contribuir para a formulação de estratégias mais eficazes, baseadas em dados, estudos e experiências anteriores. Ele entenderá, por exemplo, onde estão as áreas de maior risco, quais são os fatores que contribuem para a criminalidade e quais medidas podem ser adotadas para mitigar esses problemas. Dessa forma, a análise se transforma em um poderoso instrumento de transformação não apenas para os casos individuais, mas para a própria evolução da segurança pública.

Finalmente, a capacidade analítica tem um impacto direto na maneira como um policial lida com a pressão e o estresse. Em um ambiente de alta tensão, onde cada erro pode ter consequências graves, a habilidade de manter a calma e tomar decisões baseadas em uma análise racional, e não em uma reação impulsiva, é fundamental. Essa capacidade de pensar com clareza em momentos de extrema pressão é o que permite a um policial agir de forma eficiente e segura, protegendo a si mesmo e aos outros, sem ceder ao pânico ou à ansiedade. O treinamento e a experiência ajudam a desenvolver essa habilidade, que é essencial para a sobrevivência e o sucesso de qualquer operação policial.

Em resumo, a capacidade analítica não é apenas uma habilidade desejável, mas um atributo vital para a eficácia policial. Ela está presente em todos os aspectos da atuação do policial, desde a investigação de uma infração penal até a tomada de decisões em momentos críticos, passando pela análise de informações, a interpretação de comportamentos e a antecipação de ações. É uma habilidade que, quando bem desenvolvida, pode transformar um policial em um profissional altamente eficiente, preparado para enfrentar qualquer desafio e garantir a segurança e a justiça de maneira inteligente e estratégica.

CONFIABILIDADE

A confiabilidade está profundamente enraizada na essência de qualquer profissional que lida com a segurança pública, pois não se trata apenas de cumprir o dever de forma técnica, mas de estabelecer uma relação de confiança contínua e sólida com a sociedade. Em um contexto em que as interações com os cidadãos podem envolver momentos de tensão, desconforto e até mesmo risco, a confiabilidade torna-se um fator decisivo para a construção da credibilidade da polícia e para a eficácia de suas ações. A palavra "confiabilidade", em seu cerne, envolve a capacidade de ser digno de confiança, ser alguém que as pessoas podem acreditar sem hesitar, independentemente das circunstâncias. Essa confiança, no caso da polícia, não se limita a uma relação superficial ou passageira, mas se reflete em comportamentos consistentes, atitudes éticas e uma postura irrefutável de compromisso com a verdade, a justiça e o bem-estar da sociedade.

Primeiramente, como falado alhures, a confiabilidade de um policial é crucial para o fortalecimento da relação entre a polícia e a comunidade que serve. A confiança entre o cidadão e o policial não é algo que surge do dia para a noite; ela é construída com base em ações consistentes e na forma como o policial lida com a diversidade de situações a que é exposto. Isso inclui o cumprimento rigoroso da lei, a imparcialidade no trato com os indivíduos, o respeito aos direitos humanos e, acima de tudo, a capacidade de agir com transparência e justiça em todos os momentos. A relação de confiança é bilateral: a sociedade confia no policial para que ele execute suas funções com dignidade e competência, e o policial confia que, ao fazer isso, estará contribuindo para o bem-estar da comunidade e para a preservação da ordem pública.

Um aspecto fundamental da confiabilidade de um policial é sua integridade pessoal e profissional. A integridade, nesse contexto, refere-se à capacidade de agir de acordo com os mais altos padrões éticos e morais, mantendo uma postura de retidão diante das adversidades e tentações. Um policial que seja confiável não age movido por interesses pessoais, nem se deixa influenciar por pressões externas, como favores políticos ou correntes de opinião que busquem distorcer o curso da justiça. Sua conduta, ao contrário, é norteada pela verdade, pelo respeito à lei e pelo compromisso de garantir que a justiça seja sempre aplicada de maneira justa e equitativa. A confiabilidade está, assim, diretamente relacionada à integridade do policial: ele deve ser um exemplo de honestidade, coerência e responsabilidade, em todas as esferas de sua vida profissional e pessoal.

Em um cenário em que a polícia é constantemente desafiada por questões de corrupção, abuso de poder e descrédito social, a confiança torna-se ainda mais vital. Um policial que se mantém íntegro, que nunca sucumbe à tentação de agir de maneira injusta ou ilícita, é um pilar de resistência contra a deterioração ética da corporação. Sua confiança é demonstrada não apenas por seu comportamento em público, mas também pela forma como ele trata seus colegas de trabalho e como interage com os superiores hierárquicos. Ele não tolera abusos dentro da própria instituição e se compromete a preservar o bom nome da polícia, sendo sempre um exemplo a ser seguido por seus pares.

Além disso, a confiabilidade de um policial também se reflete na sua competência técnica e profissional. A confiança que a sociedade deposita na polícia não se limita à postura ética, mas também ao desempenho técnico dos seus membros. A confiança em um policial é, em grande medida, fruto da percepção de que ele é bem treinado, capacitado e preparado para lidar com as mais diversas situações que surgem no dia a dia da profissão. Isso implica não apenas no conhecimento das leis e dos procedimentos legais, mas também na habilidade de lidar com diferentes contextos, como abordagens, investigações, negociações e até situações de crise. A capacidade de um policial responder adequadamente a essas situações, demonstrando segurança e eficácia, é um reflexo direto de sua confiabilidade. Quando o policial é competente e atua com confiança em sua formação e habilidades, ele inspira confiança em seus colegas, em seus superiores e, especialmente, na comunidade que depende de sua proteção.

Outro aspecto importante da confiabilidade é o cumprimento das promessas e compromissos assumidos pelo policial. Muitas vezes, o policial é colocado em situações em que ele precisa prometer a investigação de um caso, a resolução de um problema ou a proteção de uma pessoa em risco. A confiança do público e dos cidadãos depende da capacidade do policial de cumprir essas promessas, mesmo que em situações adversas. A credibilidade de um policial é testada constantemente em seu compromisso com o que diz e com o que faz. A falta de cumprimento de compromissos, seja em situações simples ou complexas, pode minar rapidamente a confiança da comunidade e prejudicar o trabalho de toda a corporação. A confiabilidade, portanto, exige do policial não apenas habilidade e ética, mas também uma visão de longo prazo, em que cada ação tomada é parte de um compromisso contínuo com a sociedade e com os ideais que sustentam a função policial.

Em operações de grande escala, como em investigações criminais ou em ações de controle de distúrbios, a confiabilidade é igualmente vital. O trabalho de equipe dentro da polícia é algo que depende diretamente da confiança entre os agentes. Cada policial deve confiar que o outro cumprirá suas funções com seriedade e de acordo com os protocolos estabelecidos, para que a operação seja bem-sucedida e segura. Isso exige uma comunicação clara, uma troca constante de informações e um entendimento coletivo de que todos estão comprometidos com os mesmos objetivos: a proteção da sociedade e a promoção da justiça. A confiabilidade dentro da equipe policial, nesse sentido, não se refere apenas à confiança na competência técnica de cada membro, mas também à confiança no comportamento ético e moral de todos, na capacidade de agir com integridade e com respeito pelas normas estabelecidas.

Em um nível mais profundo, a confiabilidade de um policial também está ligada à forma como ele é capaz de lidar com o estresse, as pressões e os desafios emocionais que a profissão exige. Em situações de alta tensão, como confrontos armados, perseguições ou negociações com reféns, o policial precisa ser alguém em quem seus colegas e superiores confiem para manter a calma e a clareza de pensamento, mesmo quando as emoções e o medo estão em jogo. O policial confiável é aquele que, diante da pressão, é capaz de tomar decisões racionais, equilibradas e justas, sem ceder ao pânico ou à impulsividade. A confiança depositada nesse profissional vem da certeza de que ele está comprometido com a segurança de todos e com a preservação dos princípios fundamentais da profissão, independentemente das circunstâncias.

A confiança, portanto, não é algo que se conquista apenas em momentos de grande visibilidade ou em ações heroicas, mas sim no cotidiano, nas pequenas atitudes, nas interações diárias com os cidadãos e com os colegas de profissão. É o conjunto de ações consistentes e éticas que constrói uma reputação sólida e uma credibilidade inabalável. O policial confiável é aquele que, em qualquer situação, seja em momentos de grande pressão ou nas tarefas cotidianas, pode ser contado para fazer a coisa certa, para manter o compromisso com a justiça e para proteger aqueles a quem serve. Ele é o reflexo da seriedade da profissão, um exemplo de moralidade, competência e dedicação.

Em última análise, a confiabilidade de um policial é o que garante não apenas a eficácia das ações da polícia, mas também a construção de uma relação duradoura e respeitosa entre a corporação e a comunidade. Sem confiança, qualquer instituição de segurança pública estaria fadada ao fracasso, pois a colaboração e o respeito mútuo são fundamentais para a construção de uma sociedade segura e justa. A confiabilidade é, portanto, um valor essencial que deve ser cultivado constantemente por todos os membros da polícia, sendo uma das pedras angulares da profissão e da confiança que a sociedade deposita nas forças de segurança.

AUTOCONFIANÇA

A autoconfiança é uma das virtudes mais fundamentais que um policial pode desenvolver, e sua importância não pode ser subestimada em um campo de trabalho tão desafiador e imprevisível. Em muitas situações, como supramencionado mais de uma vez, o policial se vê diante de cenários de risco, em que a vida de pessoas pode estar em jogo e a pressão para tomar decisões rápidas e assertivas é constante. Nesse contexto, a autoconfiança torna-se o alicerce sobre o qual o policial constrói sua capacidade de agir com segurança, determinação e clareza, mesmo quando o ambiente está carregado de incertezas e tensões. A confiança nas próprias habilidades e no julgamento pessoal é uma ferramenta essencial para que o policial se sinta capaz de lidar com uma variedade de situações com eficácia, mantendo o controle e a calma em face da pressão.

A construção da autoconfiança de um policial começa no processo de treinamento. A formação adequada e contínua de um policial é o primeiro passo para o desenvolvimento dessa qualidade. Quando um policial investe em seu aprimoramento, adquirindo conhecimento técnico sobre as leis, as táticas de abordagem, o controle de situações de risco e o uso de tecnologia no trabalho policial, ele começa a construir uma base sólida de habilidades. Essa base, que é formada por uma combinação de teoria e prática, oferece ao policial a certeza de que, na presença de qualquer cenário, ele possui as ferramentas necessárias para agir de forma eficaz e adequada. A autoconfiança nasce da segurança de saber que o policial está preparado para lidar com os desafios que virão, seja em um confronto físico, em uma investigação complexa ou na interação com a comunidade. O treinamento contínuo permite que ele se sinta capaz de tomar decisões rápidas e precisas, sem hesitação, porque sabe que sua formação o preparou para esses momentos.

No entanto, a autoconfiança não está apenas ligada ao conhecimento técnico e à prática. Ela também está intimamente relacionada à experiência vivida no campo. Ao longo de sua carreira, o policial enfrentará situações de grande complexidade, que exigem uma análise rápida e precisa, além de uma habilidade para lidar com a imprevisibilidade. A cada ação bem-sucedida, o policial fortalece sua confiança em si mesmo. Cada abordagem bem-feita, cada operação bem-sucedida, cada situação difícil resolvida corretamente contribui para o desenvolvimento da confiança nas próprias capacidades. Essa confiança é algo que se constrói ao longo do tempo, com base na vivência e na experiência adquiridas no desempenho de suas funções. Quando o policial se vê diante de uma situação desafiadora pela segunda, terceira ou quarta vez, ele tende a confiar mais em sua habilidade de tomar decisões acertadas, porque já passou por situações similares e aprendeu com elas. A experiência é, assim, uma das maiores fontes de autoconfiança, porque permite ao policial reconhecer que, mesmo em um cenário incerto, ele tem as ferramentas e o julgamento necessários para agir de modo adequado.

Outro aspecto fundamental da autoconfiança em um policial é a sua capacidade de lidar com situações de grande estresse e pressão emocional. O trabalho policial muitas vezes envolve situações de risco elevado, em que o policial é obrigado a tomar decisões rápidas que podem ter implicações profundas para a vida de outras pessoas. Em momentos como esses, a autoconfiança se traduz na habilidade de manter a calma e a clareza de pensamento, mesmo quando o ambiente é tenso e a pressão para agir é grande. Um policial autoconfiante tem a capacidade de se concentrar em sua missão, de separar as emoções do raciocínio e de agir com lógica e eficiência, mesmo sob pressão. Isso não significa que o policial seja insensível ou desprovido de empatia, mas que ele tem a habilidade de controlar suas emoções de forma eficaz, para garantir que as suas ações sejam sempre fundamentadas na razão e na ética. A capacidade de tomar decisões rápidas e precisas, sem hesitação, é diretamente ligada à confiança que o policial tem em suas habilidades e em seu julgamento.

Além disso, a autoconfiança é essencial para que o policial mantenha uma postura de liderança e orientação em momentos de crise. Muitas vezes, o policial precisa liderar sua equipe durante operações de alto risco, onde cada movimento deve ser coordenado e cada decisão precisa ser tomada de maneira coletiva. A confiança nas próprias capacidades permite que o policial se apresente como um líder seguro, que pode guiar sua equipe através da incerteza e do caos. Ele sabe que suas decisões serão fundamentadas em seu conhecimento e experiência, e isso lhe dá a confiança necessária para agir com autoridade, sem vacilar ou se deixar dominar pela dúvida. Em situações de risco, em que o tempo é um fator crucial, um policial autoconfiante é capaz de dar ordens claras e tomar decisões estratégicas com precisão. Sua postura firme e decidida inspira confiança nos outros membros da equipe, que, por sua vez, podem confiar em sua liderança e no julgamento de suas ações.

Essa mesma confiança, no entanto, não pode ser confundida com arrogância ou prepotência. A verdadeira autoconfiança é construída sobre a humildade e o reconhecimento das limitações pessoais. Um policial que se considera infalível ou que ignora a importância da colaboração com seus colegas está mais propenso a cometer erros graves, pois acredita que possui todas as respostas. A autoconfiança verdadeira, ao contrário, implica uma consciência da própria capacidade, mas também um entendimento claro de que a aprendizagem nunca é um processo concluído. O policial autoconfiante é aquele que, embora tenha confiança em suas habilidades, reconhece que sempre há mais a aprender e que o trabalho em equipe é imprescindível para o sucesso. Ele sabe quando buscar a opinião de um colega, quando pedir ajuda e quando admitir que não possui a resposta para todas as perguntas. A humildade de reconhecer que o conhecimento é um processo contínuo é, em si, uma característica de um policial verdadeiramente autoconfiante, pois ele entende que a confiança está diretamente ligada à capacidade de evoluir e se aprimorar.

Ademais, a autoconfiança também é basilar nas interações diárias do policial com a comunidade. O policial que demonstra autoconfiança em sua postura e comportamento transmite segurança para os cidadãos e ganha respeito. A confiança que o público deposita no policial está em grande parte ligada à sua capacidade de agir com autoridade, mas também com empatia e compreensão. Em situações de abordagem, por exemplo, um policial autoconfiante não precisa recorrer à agressividade ou ao autoritarismo para manter o controle da situação. Sua confiança é refletida em sua habilidade de se comunicar com clareza, de manter a calma e de lidar com a situação de maneira equilibrada e respeitosa. Ele sabe que a sua presença e a sua postura firme são suficientes para transmitir autoridade, sem que haja necessidade de recorrer à violência ou à intimidação. A confiança nas próprias capacidades permite que o policial estabeleça uma relação de respeito mútuo com a comunidade, criando um ambiente de cooperação e confiança. Quando o policial é capaz de agir com segurança, de demonstrar respeito pelos direitos dos cidadãos e de manter o controle emocional, ele ganha a confiança das pessoas, o que facilita seu trabalho e melhora a eficácia da corporação.

    A autoconfiança também é essencial para o equilíbrio psicológico e emocional do policial. Conforme exposto antes, o trabalho policial é, sem dúvida, uma profissão que envolve desafios constantes, como o contato com cenas de violência, situações de risco e a exposição a eventos traumáticos. Para lidar com esses desafios de forma saudável, o policial precisa acreditar em sua capacidade de resistir ao estresse emocional e de buscar o apoio necessário quando preciso. A autoconfiança está diretamente ligada à capacidade de reconhecer os próprios limites emocionais e de procurar ajuda quando as pressões da profissão se tornam demais. A saúde mental de um policial é fundamental para o bom desempenho de suas funções, e a confiança nas próprias capacidades inclui também a sabedoria de cuidar de si mesmo, garantindo que ele esteja emocionalmente preparado para lidar com os desafios que surgem.

    Por derradeiro, a autoconfiança de um policial é construída a partir de sua experiência, formação, habilidade para lidar com o estresse e suas interações com a comunidade. A confiança nas próprias capacidades permite ao policial tomar decisões rápidas e assertivas, manter a calma em momentos de crise, liderar com eficácia e estabelecer relações respeitosas com a sociedade. Ela não é sinônimo de infalibilidade ou arrogância, mas de um conhecimento profundo de si mesmo, de suas habilidades e de seus limites. A verdadeira autoconfiança é aquela que se baseia na constante aprendizagem, na humildade e na compreensão de que o desenvolvimento pessoal e profissional é um processo contínuo. Quando um policial possui essa qualidade, ele não apenas se torna mais eficaz em suas funções, mas também contribui para a construção de uma relação de confiança com seus colegas de trabalho, com a liderança da corporação e, principalmente, com a comunidade a que serve. A autoconfiança, portanto, é uma das pedras angulares da atuação policial, essencial para o sucesso na profissão e para a construção de uma sociedade mais segura e justa.

RESPONSABILIDADE

A responsabilidade não é apenas um requisito profissional, mas um princípio moral que orienta todas as ações e decisões tomadas ao longo da carreira. Para um policial, ser responsável vai além do simples cumprimento de deveres ou da observância das normas e regulamentos; trata-se de uma profunda consciência sobre o impacto de suas escolhas na sociedade e nas vidas das pessoas que ele serve e protege. Cada ato, cada decisão tomada, tem o poder de moldar a realidade das pessoas com as quais o policial interage, e essa consciência permeia a responsabilidade que ele carrega em sua jornada diária.

O primeiro e mais imediato aspecto da responsabilidade de um policial está no cumprimento de suas funções de maneira ética e diligente. Em qualquer situação, o policial é o agente da lei e, como tal, suas ações devem ser norteadas pelo compromisso inabalável com a justiça e a proteção dos direitos humanos. Em cada abordagem, em cada patrulhamento, em cada decisão tomada em uma cena de crime ou em uma operação policial, o agente de segurança é desafiado a agir com sabedoria e discernimento. Sua responsabilidade é não apenas cumprir a lei, mas garantir que a lei seja aplicada de maneira justa e equânime, sem qualquer tipo de discriminação, abuso de poder ou favorecimento.

Essa responsabilidade ética implica em entender o papel fundamental do policial dentro da sociedade. Ele não é apenas um executor das regras, mas um guardião da ordem pública, da paz social e da segurança. Por isso, o policial responsável tem plena consciência de que suas ações podem afetar de modo significativo a vida de indivíduos, comunidades e até mesmo a sociedade como um todo. Ao tomar decisões, ele deve avaliar com precisão as consequências de seus atos e sempre buscar a opção que minimiza danos, respeitando, acima de tudo, a dignidade das pessoas e os princípios fundamentais da justiça. Isso exige que o policial tenha um alto nível de autocontrole, inteligência emocional e empatia, para que suas escolhas não sejam impulsivas ou motivadas por emoções momentâneas, mas baseadas em uma reflexão ética e ponderada.

Outro aspecto da responsabilidade policial é a constante procura pela melhoria profissional e pessoal. A profissão exige do policial uma dedicação contínua ao aprendizado e à capacitação, uma vez que o cenário em que ele atua é dinâmico e, muitas vezes, imprevisível. Um policial responsável não pode se dar ao luxo de se acomodar com a formação inicial ou de ignorar as mudanças nas leis, nas tecnologias ou nas técnicas de investigação e abordagem. Ele deve estar sempre em busca de aprimorar seus conhecimentos e habilidades, para que possa agir de maneira mais eficiente e segura em qualquer situação. A responsabilidade profissional implica também em se manter atualizado e em não negligenciar os treinamentos obrigatórios, pois a vida de outras pessoas pode depender da precisão de suas ações, que são, em grande parte, determinadas pelo grau de preparo que o policial tem.

Além disso, a responsabilidade de um policial se reflete diretamente na maneira como ele lida com a autoridade que lhe foi confiada. O poder de exercer a autoridade sobre a vida e as ações de outros indivíduos exige uma consciência muito profunda da moralidade e da ética. Um policial responsável entende que a autoridade não deve ser usada para a satisfação pessoal, mas sempre em benefício da justiça e do bem-estar coletivo. A responsabilidade no exercício da autoridade envolve a capacidade de distinguir quando o uso da força é necessário e adequado e quando outras formas de resolução, como o diálogo, podem ser mais eficazes. Isso exige equilíbrio e julgamento apurado, já que a escolha entre utilizar ou não o poder de forma coercitiva tem um impacto direto no resultado de cada situação e na confiança que a sociedade deposita na polícia.

No campo da liderança, a responsabilidade se manifesta de maneira igualmente crucial. Durante as operações ou em momentos de crise, o policial muitas vezes assume a função de líder, coordenando ações e tomando decisões rápidas em ambientes de grande pressão. Um policial responsável, portanto, é aquele que sabe que a sua liderança afeta diretamente o desempenho da equipe e o sucesso da missão. Em situações de perigo, como em confrontos com criminosos ou em situações de reféns, o policial deve estar preparado para assumir a responsabilidade pelas decisões tomadas, garantindo que todos os membros da equipe atuem com coesão e com clareza de objetivos. A responsabilidade na liderança não se limita à capacidade de tomar decisões, mas também à habilidade de avaliar os riscos e de garantir a segurança e o bem-estar de todos os envolvidos, incluindo os membros da equipe, os suspeitos e as vítimas.

A responsabilidade também abrange o cumprimento das normas internas e externas da corporação. As leis e regulamentos que regem a atuação policial existem não somente para organizar as funções da polícia, mas para assegurar que o trabalho seja feito de maneira transparente e dentro dos limites estabelecidos pela sociedade. Um policial responsável segue essas normas com rigor, ciente de que a violação de qualquer uma delas pode comprometer não apenas sua carreira, mas também a confiança pública na instituição policial. A responsabilidade, nesse sentido, implica em um compromisso com a transparência e com a integridade institucional, o que exige que o policial atue sempre de acordo com os princípios da corporação e com a legislação vigente.

Em um nível mais profundo, a responsabilidade de um policial também se reflete em sua capacidade de lidar com os dilemas morais e éticos que surgem em sua profissão. A natureza do trabalho policial habitualmente coloca os agentes em situações complexas, em que as escolhas não são simples e as consequências podem ser irreversíveis. Um policial responsável deve ser capaz de refletir sobre os princípios que guiam suas ações e de estar disposto a fazer o que é certo, mesmo que isso envolva sacrifícios pessoais. Isso inclui, por exemplo, a decisão de denunciar colegas que estejam envolvidos em práticas corruptas ou imorais. A responsabilidade implica em agir de acordo com a moralidade, mesmo quando a pressão de agir de outra forma é grande. A coragem para fazer o que é certo, independentemente das dificuldades, é um aspecto essencial da responsabilidade policial.

Outro ponto que merece destaque é a responsabilidade do policial em relação à sua saúde física e mental. A profissão policial é extremamente exigente, não apenas fisicamente, mas também emocionalmente. O estresse, as pressões diárias, o contato constante com situações de risco e o trauma resultante de confrontos violentos podem afetar profundamente o estado psicológico de um policial. Um policial responsável, portanto, não apenas se dedica ao seu trabalho com empenho, mas também entende a importância de cuidar de sua saúde mental e emocional. Isso inclui buscar apoio psicológico quando necessário, praticar atividades que promovam o bem-estar físico e emocional e adotar práticas de autocuidado que o mantenham equilibrado e preparado para os desafios que a profissão exige. A responsabilidade sobre sua saúde não é um ato de egoísmo, mas uma necessidade para que o policial seja capaz de cumprir sua missão com a clareza de pensamento e a resistência emocional que a profissão exige.

A responsabilidade do policial também se estende ao seu papel na construção de uma sociedade mais segura e justa. Ele é, em muitos aspectos, a linha de frente na promoção da justiça social, e sua atuação pode ter efeitos transformadores na vida das pessoas e na confiança da sociedade nas instituições de segurança pública. Ao agir com responsabilidade, o policial contribui para o fortalecimento da democracia e para a construção de uma cultura de respeito aos direitos humanos. Ele é um modelo de ética e integridade, alguém que exerce sua função com dignidade e que se compromete a servir e proteger a comunidade com imparcialidade e justiça.

Ademais, a responsabilidade de um policial é uma característica que transcende as circunstâncias imediatas de sua atuação. Mesmo fora do horário de trabalho, o policial é um reflexo da instituição que representa, e sua conduta deve sempre ser exemplar. O comportamento ético e responsável no dia a dia, em sua vida pessoal e social, também impacta diretamente a imagem da polícia e a confiança pública. O policial responsável, portanto, não é somente um bom profissional dentro de sua jornada de trabalho, mas alguém que carrega sua responsabilidade com dignidade e respeito em todos os momentos.

Por fim, a responsabilidade policial é um conceito amplo, que permeia todas as esferas da profissão. Ela é um compromisso com a ética, com a justiça, com a proteção da vida e dos direitos humanos, com o cumprimento da lei e com a preservação da ordem pública. A responsabilidade exige do policial um alto grau de autoconsciência, capacidade de reflexão e comprometimento com a verdade e a justiça. Esse é o traço distintivo de um profissional que está preparado para enfrentar os desafios diários de sua profissão e que é verdadeiramente digno da confiança que a sociedade lhe confere. O policial responsável, ao agir com ética, competência e integridade, constrói uma carreira sólida, respeitada e admirada, e contribui para a construção de uma sociedade mais segura, justa e equitativa para todos.

VONTADE DE APRENDER

A vontade de aprender é, certamente, uma das características mais essenciais para a construção de uma carreira sólida e bem-sucedida no campo policial. Esta qualidade não apenas distingue um bom policial de um ótimo policial, mas também é fundamental para garantir a constante evolução e aprimoramento dentro de uma profissão que exige versatilidade, inteligência e resiliência. O aprendizado contínuo é a chave para que o policial possa enfrentar os desafios diários, adaptar-se às mudanças da sociedade e manter sua eficácia no cumprimento das funções de proteger e servir. No entanto, a vontade de aprender vai além do simples desejo de adquirir novos conhecimentos; ela envolve uma atitude de humildade, perseverança e reflexão constante sobre as próprias ações e escolhas, o que permite ao policial crescer em todos os aspectos de sua profissão.

O primeiro ponto que merece destaque é que a vontade de aprender é uma característica que abarca não somente a aquisição de novas habilidades técnicas, mas também a capacidade de compreender e refletir sobre as complexas questões sociais e humanas envolvidas na profissão. A atividade policial, em sua essência, não se limita ao cumprimento da lei, mas também envolve o entendimento profundo das dinâmicas sociais, dos direitos humanos e da ética. Um policial com a vontade de aprender entende que, para ser eficaz em seu trabalho, é necessário, acima de tudo, compreender a sociedade na qual ele está inserido. Ao aprender sobre as transformações sociais, culturais e políticas que moldam a realidade das pessoas, o policial se torna mais sensível às necessidades e desafios da comunidade. Ele desenvolve uma capacidade de empatia e de abordagem que vai além do simples cumprimento da lei, favorecendo uma atuação mais humanizada e justa, o que fortalece a confiança entre a polícia e a população.

Além disso, a constante disposição para aprender é um fator determinante para a atualização dos conhecimentos técnicos exigidos pela profissão policial. O campo da segurança pública está em constante transformação. Como demonstrado, novas tecnologias surgem, novas técnicas de investigação e de abordagem são constantemente desenvolvidas e, ao mesmo tempo, novas modalidades de crimes e situações de risco também surgem. Portanto, um policial que não busca aprender e se atualizar corre o risco de ficar para trás em um cenário cada vez mais complexo. A vontade de aprender, nesse contexto, se traduz na dedicação ao estudo e ao aprimoramento constante, seja por meio de treinamentos específicos, cursos de especialização ou pela simples disposição de aprender com colegas mais experientes. Esse aprendizado contínuo é necessário para que o policial esteja apto a lidar com as novas ferramentas de trabalho, como tecnologias de vigilância, softwares de análise de dados ou métodos modernos de abordagem, sem deixar de lado os valores fundamentais da profissão, como o respeito à dignidade humana.

    A vontade de aprender é, também, a chave para o aprimoramento das habilidades analíticas do policial. Como é sabido, a profissão exige não somente uma execução técnica das ações, mas também uma capacidade crítica e reflexiva diante das situações que surgem. O policial que deseja aprender constantemente desenvolve a habilidade de observar mais atentamente, analisar cenários de maneira mais detalhada e fazer julgamentos mais precisos. Essa competência é fundamental para a tomada de decisões, especialmente em situações de alto risco, como confrontos armados ou abordagens perigosas. Ao aprender a fazer uma análise mais profunda do que está acontecendo ao seu redor, o policial não apenas melhora sua capacidade de agir com eficiência, mas também consegue minimizar os riscos e evitar ações precipitadas que poderiam ter consequências indesejáveis. A vontade de aprender, portanto, fortalece a capacidade do policial de lidar com a incerteza e a complexidade, características comuns em muitas de suas missões.

Outro aspecto fundamental da vontade de aprender é sua ligação com o desenvolvimento emocional e psicológico do policial. O trabalho policial, em vários momentos, coloca os agentes em situações de grande estresse, sofrimento e até trauma. Por isso, a capacidade de aprender não deve se limitar ao domínio técnico e teórico, mas também à compreensão de si mesmo, ao desenvolvimento da inteligência emocional e à criação de mecanismos para lidar com os aspectos psicológicos da profissão. A vontade de aprender, nesse caso, é a disposição para buscar apoio quando necessário, seja por meio de terapia, acompanhamento psicológico ou práticas de autocuidado, como a meditação ou o exercício físico. O policial que tem consciência de que a manutenção da sua saúde emocional é crucial para o desempenho de suas funções está mais preparado para enfrentar os desafios cotidianos e tomar decisões equilibradas. Ao aprender a lidar com o estresse e as emoções de forma saudável, ele se torna mais resiliente e capaz de desempenhar suas funções com mais eficácia, sem comprometer sua saúde mental.

Além do mais, o policial que tem uma forte vontade de aprender se torna um modelo para seus colegas de trabalho. Em uma corporação, o aprendizado coletivo é tão importante quanto o individual, e um policial que demonstra disposição para buscar novos conhecimentos inspira os outros a fazerem o mesmo. Isso contribui para a criação de uma cultura organizacional que valoriza o crescimento contínuo e a melhoria constante. Quando os membros de uma equipe estão comprometidos com o aprendizado, todos se beneficiam, pois a troca de experiências, o compartilhamento de melhores práticas e o debate sobre soluções inovadoras geram um ambiente mais colaborativo e eficiente. A vontade de aprender, nesse sentido, é um catalisador para o desenvolvimento coletivo, elevando o desempenho de toda a corporação. Ademais, quando o policial se coloca como alguém aberto ao aprendizado, ele cria uma atmosfera de humildade e respeito dentro de sua equipe, permitindo que todos reconheçam a importância da troca de conhecimentos e experiências.

É importante notar que a vontade de aprender não é algo que ocorre de maneira automática; ela exige uma postura ativa e engajada. O policial que deseja crescer profissionalmente deve estar disposto a questionar suas próprias crenças e atitudes, a admitir que sempre há algo a melhorar e a se desafiar constantemente. A postura de aprendizagem envolve, entre outras coisas, a disposição para lidar com os próprios erros e limitações, encarando-os não como falhas permanentes, mas como oportunidades de aprimoramento. Essa capacidade de reflexão e autocrítica é uma das chaves para o crescimento contínuo na profissão policial, pois permite que o policial aprenda com as situações desafiadoras e use esse aprendizado para melhorar seu desempenho futuro.

    Em adição, a vontade de aprender está diretamente ligada à responsabilidade que o policial tem com sua profissão e com a sociedade. Ao se comprometer com o aprendizado contínuo, o policial demonstra que compreende a magnitude de sua função. Ele sabe que sua atuação pode ter um impacto profundo e duradouro na vida das pessoas e, portanto, deve estar sempre preparado para agir da melhor forma possível, com conhecimento e discernimento. A constante procura por aprimoramento é uma maneira de demonstrar respeito àqueles a quem serve, pois garante que o policial esteja equipado com as melhores ferramentas para proteger e fazer cumprir a justiça de modo eficaz e justo. A vontade de aprender é, portanto, uma manifestação de comprometimento com o trabalho e com a missão de proteger a sociedade.

    Em arremate, é preciso pontuar que a vontade de aprender é um fator essencial para a construção de um policial completo, em todos os aspectos. Ela envolve a atualização constante das habilidades técnicas, o desenvolvimento da inteligência emocional, a reflexão ética sobre o papel do policial na sociedade e a constante busca por novas soluções para os desafios cotidianos. A vontade de aprender não apenas torna o policial mais competente, mas também mais consciente de seu papel como agente de transformação e justiça. Ao adotar essa atitude de aprendizado contínuo, o policial não só se torna um profissional mais eficiente, mas também contribui para uma cultura organizacional mais forte, mais colaborativa e mais comprometida com a justiça e o bem-estar social. A vontade de aprender, portanto, é um dos maiores ativos de qualquer policial que deseje deixar um legado positivo em sua carreira e na sociedade como um todo.

CONCLUSÃO

Ao concluirmos a leitura de *O que Torna um Policial Admirado?*, é possível perceber com clareza que as virtudes discutidas ao longo deste livro não são características isoladas, mas sim qualidades interligadas, que se complementam e se reforçam mutuamente na construção do perfil ideal de um policial. Cada uma das qualidades aqui abordadas – seja a coragem que impulsiona a ação em situações de risco, a empatia que permite uma abordagem humana e sensível com a comunidade ou o autocontrole que garante decisões racionais em momentos de pressão – desempenha um papel fundamental na formação de um profissional não apenas técnico, mas ético, equilibrado e profundamente conectado com os princípios que norteiam a profissão policial. Essas virtudes se entrelaçam e se tornam indispensáveis na busca pela excelência, pois um policial que é admirado não é apenas aquele que cumpre a lei de forma impessoal e rígida, mas aquele que age com responsabilidade, respeito e humanidade.

O livro, ao tratar dessas qualidades, reforça a ideia de que, para ser um policial admirado, é preciso mais do que apenas desempenhar as funções designadas. O bom policial deve ser um exemplo de integridade, de justiça e de respeito pelos direitos humanos, sendo capaz de inspirar confiança e respeito na comunidade que serve. A disciplina e o autocontrole, por exemplo, são a base para que o policial consiga manter sua postura ética, mesmo em momentos de extremo estresse e tensão, impedindo que impulsos momentâneos prejudiquem sua atuação. A empatia, por sua vez, permite uma relação mais próxima e compreensiva com a população, ajudando a resolver conflitos de forma pacífica e assertiva. A coragem, quando equilibrada com discernimento, permite enfrentar os desafios mais difíceis sem comprometer os valores fundamentais da profissão. Assim, cada virtude abordada neste livro é uma peça essencial que, ao se juntar às demais, constrói um profissional admirado e respeitado em sua totalidade.

Contudo, ao explorar as qualidades que tornam um policial admirado, o leitor deve ter em mente que este é apenas um dos dois volumes que formam a série. Para uma compreensão completa e profunda sobre o papel da polícia e as qualidades que devem ser cultivadas ou evitadas, é imprescindível que se leia também o segundo livro, *O que Torna um Policial Desprezado?*. Enquanto este volume nos apresenta o conjunto de virtudes que um policial deve cultivar para ganhar a confiança da sociedade, o segundo livro oferece um contraponto fundamental, enumerando as características que geram desconfiança, desprezo e, muitas vezes, hostilidade por parte da população. A leitura desses dois livros, quando feitas de forma complementar, permite ao leitor uma compreensão abrangente e equilibrada da profissão policial.

É ao entender as virtudes que constroem a admiração, assim como os erros e comportamentos que podem levar ao desprezo, que se chega à verdadeira compreensão do impacto de um policial na sociedade. Não se trata apenas de um conjunto de qualidades, mas de um processo contínuo de construção do caráter e da responsabilidade. Um policial admirado não nasce pronto, mas se constrói diariamente através de escolhas conscientes, do cultivo das virtudes e do aprimoramento constante. O segundo volume da série, *O que Torna um Policial Desprezado?*, trata dessas falhas, erros de julgamento e comportamentos que, se não forem evitados, podem prejudicar a imagem de qualquer agente da lei e gerar consequências negativas para sua carreira e para a relação com a comunidade.

Ao complementar o primeiro livro com o segundo, o leitor poderá refletir de maneira mais profunda sobre a dualidade que existe na profissão policial. Por um lado, as qualidades que constroem a admiração, e, por outro, os comportamentos que destroem a confiança. Esse exercício de reflexão não é apenas útil para os policiais em exercício, mas também para os cidadãos e para qualquer pessoa que deseje compreender melhor o complexo papel da polícia na sociedade contemporânea. O aprendizado gerado pela leitura desses dois livros pode ajudar a promover mudanças tanto no comportamento dos policiais quanto na percepção pública da polícia, ajudando a criar um ambiente mais justo, mais ético e mais seguro para todos.

É importante destacar que, em sua essência, a leitura dos dois volumes não se trata apenas de um estudo acadêmico ou de uma análise teórica da profissão policial, mas de um guia prático para a formação de um profissional que seja admirado, respeitado e, acima de tudo, ético em sua atuação. A série busca não só ilustrar as qualidades que fazem de um policial um verdadeiro exemplo, mas também alertar para os comportamentos que podem comprometer sua eficácia, sua credibilidade e sua relação com a comunidade. Essa compreensão plena e abrangente é o que permite ao policial, e à sociedade como um todo, avançar na construção de um sistema de segurança pública que seja fundamentado no respeito mútuo, na confiança e na justiça.

Portanto, ao concluir a leitura de *O que Torna um Policial Admirado?*, é imprescindível que o leitor não se limite a este volume. O verdadeiro entendimento da complexidade da profissão policial, das virtudes que devem ser cultivadas e dos erros que devem ser evitados, só será alcançado quando ambos os livros forem lidos em conjunto. Esses dois volumes formam um todo coeso, que não apenas esclarece o que torna um policial admirado ou desprezado, mas também oferece as ferramentas necessárias para que os policiais e a sociedade possam, juntos, construir uma relação mais justa, ética e respeitosa. O convite está feito: ao explorar os dois livros, você obterá uma compreensão mais profunda sobre o que significa ser um policial digno de respeito, e como suas ações, virtudes ou falhas podem influenciar diretamente sua imagem perante a sociedade.

BIBLIOGRAFIA

ACHOR, Shawn. O Jeito Harvard de Ser Feliz: o curso mais concorrido de uma das melhores universidades do mundo / Shawn Achor; tradução: Cristina Yamagami. São Paulo: Saraiva, 2012.

BRENE, Cleyson; LÉPORE, Paulo. Manual do Delegado de Polícia Civil: Teoria e Prática. 5ª ed. rev., atual. e ampl. Salvador: Editora JusPodivm, 2017.

COVEY, Stephen. Os 7 Hábitos das Pessoas Altamente Eficazes / Stephen Covey; tradução: Alberto Cabral Fusaro, Márcia do Carmo Felismino Fusaro, Claudia Gerpe Duarte e Gabriel Zide Neto; consultoria: Teresa Campos Salles. 61ª ed. Rio de Janeiro: BestSeller, 2017.

DUHIGG, Charles. O Poder do Hábito: Por que fazemos o que fazemos na vida e nos negócios / Charles Duhigg; tradução: Rafael Mantovani. Rio de Janeiro: Objetiva, 2012.

FRANÇA, Genival Veloso de. Medicina Legal. 10ª edição [reimpressão]. Rio de Janeiro: Guanabara Koogan, 2016.

GOLEMAN, Daniel. Inteligência Emocional: a teoria revolucionária que define o que é ser inteligente / Daniel Goleman. Rio de Janeiro: Objetiva, 2012.

LENZA, Pedro. Direito Constitucional Esquematizado. 22ª edição. São Paulo: Saraiva, 2018.

LIMA, Renato Brasileiro de. Manual de Processo Penal: Volume Único. 8ª edição, revista, ampliada e atualizada. Salvador: Editora JusPodivm, 2020.

LIMA, Renato Brasileiro de. Legislação Criminal Especial Comentada. Volume Único. 8ª edição, revista, ampliada e atualizada. Salvador: Editora JusPodivm, 2020.

MASSON, Cleber. Direito Penal: Parte Especial (artigos 121 a 212). Volume 2. 14ª edição. Rio de Janeiro: Forense; MÉTODO, 2021.

MASSON, Cleber. Direito Penal: Parte Especial (artigos 213 a 359-H). Volume 3. 11ª edição. Rio de Janeiro: Forense; MÉTODO, 2021.

MASSON, Cleber. Direito Penal: Parte Geral (artigos 1º a 120). Volume 1. 15ª edição. Rio de Janeiro: Forense; MÉTODO, 2021.

MENDES, Gilmar Ferreira; BRANCO, Paulo Gustavo Gonet. Curso de Direito Constitucional. 12ª edição, revista e atualizada. São Paulo: Saraiva, 2017.

PENTEADO FILHO, Nestor Sampaio. Manual Esquemático de Criminologia. 4ª edição. São Paulo: Saraiva, 2014.

PRETI, Bruno Del; LÉPORE, Paulo. Manual de Direitos Humanos. Salvador: Editora JusPodivm, 2020.

ROBBINS, Anthony. Desperte seu Gigante Interior / Anthony Robbins; tradução: Haroldo Neto, Pinheiro de Lemos. 31ª ed. Rio de Janeiro: BestSeller, 2017.

ROCHA, Alison. Prova Oral para Delegado de Polícia: Estratégias e Técnicas Argumentativas. 2ª ed. rev., atual. e ampl. Salvador: Editora JusPodivm, 2019.

TÁVORA, Nestor; ALENCAR, Rosmar Rodrigues. Curso de Direito Processual Penal. 12ª edição, revista e atualizada. Salvador: Editora JusPodivm, 2017.

VADE MECUM JUSPODIVM. 11ª edição, revisto, atualizado e ampliado. São Paulo: Editora JusPodivm, 2022.

VIANA, Eduardo. Criminologia. 8ª edição. Salvador: JusPODIVM, 2020.

ZANOTTI, Bruno Taufner; SANTOS, Cleopas Isaías. Delegado de Polícia: Teoria e Prática no Estado Democrático de Direito. 7ª ed. rev., atual. e ampl. Salvador: Editora JusPodivm, 2021.

SOBRE O AUTOR

Wally Santos é graduado em Direito pelo Instituto de Ensino Superior de Rio Verde, pós-graduado em Direito Penal pelo Instituto Damásio de Direito e pós-graduando em Ciências Criminais pela Faculdade CERS. Nasceu em 11 de julho de 1989 na cidade de Maurilândia, mas foi criado no diminuto município vizinho, também do Estado de Goiás, chamado Castelândia. Está presente no Instagram @wally.a.santos e no X @WallyASantos.

www.ingramcontent.com/pod-product-compliance
Lightning Source LLC
Chambersburg PA
CBHW031921240526
45464CB00021B/623